ACCESS
ITALIAN

Alessia Bianchi
Susanna Binelli

Series editor: **Jane Wightwick**

Routledge
Taylor & Francis Group

LONDON AND NEW YORK

Published 2013 by Routledge
2 Park Square, Milton Park, Abingdon, Oxon OX14 4RN
711 Third Avenue, New York, NY, 10017, USA

Routledge is an imprint of the Taylor & Francis Group, an informa business

British Library Cataloguing in Publication Data
A catalogue record for this title is available from the British Library

ISBN 13: 978 0 340 81296 9 (pbk)

Typeset by HL Studios, Long Hanborough, Oxford.

Illustrations by Illustrated Arts, Jon Davis/Linden Artists, Marco Schaaf/NB Illustration.

Printed and bound by CPI Group (UK) Ltd, Croydon, CR0 4YY

ACKNOWLEDGEMENTS

The authors and publishers would like to thank the following for use of their material in this volume:

digilander.libero.it for Jovanotti web page p68; Einaudi/Mondadori Press for extract from N. Ginzburg *Le piccole virtú* on p123; www.jobpilot.it for web page p45; Sistema Nazionale Feste de l'Unità © Pielleffe Srl for Festaunita web page p146; Sergio Malavasi/maremagnum librorum for web page p132; Pronto Spesa for supermarket web page on p34; la Repubblica.it for web page p133; Rustici in Toscana immobiliare for extract on p81; Touring Club Italiano for Isole Tremiti web pages p113 and p114; Trenitalia for web page and orario pp99 & 100; Viva Voce for Miuccia Prada extract p69; Yahoo Italia for their web page on p1.

Every effort has been made to trace and acknowledge ownership of copyright. The publishers will be glad to make suitable arrangements with any copyright holders whom it has not been possible to contact.

Photo acknowledgements

AKG Images: p127 left: biblioteca Medicea Laurenziana (Rabatti Domingie). Alamy: p79 (a), p140. S. Baldwin: p11 bottom right, p22, p27, p66, p120. C. & M. Bianchi: p55, p61 bottom, p64, p118, p150 bottom, p164, p165, p166. Corbis: p.11 Bejing (Macduff Everton), p18 no. 1 (Olivia Baumgartner), no. 2 (Gary Houlder), no. 4 (Eleanor Thompson), p29 (Bo Zaunders), p38 (Cameron), p41 top: no. 1 (Tom & Dee Ann McCarthy), no. 2 (Gabe Palmer), no. 3 (LWA), no. 5 (Jim Cummins), bottom: no. 1 (Chuck Savage), no. 2 (Jon Feingersh), p43 bottom: (Franco Vogt), right: (Todd Gipstein), p61 top: (ZUMA), p79 b (Arici Graziano), c (Gareth Brown), p109 winter (P. Johnson), p117 (Vince Streano), p120 (Scott Roper), p127 Machiavelli: Archivo Iconografico, p136 e (Siemoneit Ronald), p141 (Fotomorgana), p159 (Dennis Marsaco), p167 (Sandro Vannini). Empics: p96, p136 f, p137. Olympia: p41 no. 4 (Corrado Calvo), p136 a (Roberto Guberti), b (Mavilla Sicilia), d (Serao). Rex Features: p20 (Travel Library), p69 (Jussi Nukari), p70 Prada (Ray Tang), 114 (Travel Library), p136 c (Action Press), p137 (Brian Rasic), p147 (Canio Romaniello). PA: p70 bottom right. Rebecca Teevan: p50, p109 summer, p110.

Cover photos: Corbis. Main image © Bob Krist. Top right image © David Hanover.

INTRODUCTION

Access Italian is a refreshing, modern introduction to the Italian language, culture and people. It is specially designed for adults of all ages who are just starting out learning Italian or who are returning after a long gap.

The course is ideal for use in classes but will also help develop strategies for independent learning. In the coursebook, teachers and learners will find an extended range of activities covering all four skills as well as ideas for group activities.

 A further range of ideas, activities, tips and advice is available on our website, www.accesslanguages.com. You don't have to use the site to benefit from the course but, according to your particular needs or interests, you will find a great deal of extra practice, information and links to useful Italian sites. For more depth in a particular language structure, for example, we have included additional printable worksheets and we've even included advice and links for the major examinations and qualifications.

Access Italian offers a fun and friendly approach to the Italian language as it is spoken today. It will enable you to deal with everyday situations, covering practical topics such as travel, shopping, staying at a hotel or eating in a restaurant and many of the activities are based on genuine Italian websites. The course is also ideal for those who wish to study Italian for business purposes and will provide learners with a sound basis of vocabulary and grammar structures.

The coursebook is divided into 10 carefully graded units. At the beginning of each, the content and objectives are clearly identified and you can check your progress at various points throughout the unit. Each unit starts with a number of activities relating to the previous one so you can revise topics already covered, giving you the confidence to move on to new areas.

ACCESS ITALIAN

The units offer a wide range of activities which will quickly enable you to start reading and writing contemporary Italian, and the listening exercises featuring authentic Italian-speakers are integral to the course.

Each unit consists of:

* a checklist of topics covered in the unit

* revision activities (Ti ricordi ancora?): these give you the chance to revise important points covered in the previous unit

* listening activities: authentic conversations, passages and exercises to increase your listening skills and to help you acquire confidence

* speaking activities

* reading activities: authentic documents and exercises to extend your vocabulary and comprehension

* writing activities: practical and authentic forms to complete, grammar activities and letter-writing to consolidate key points and to reinforce confidence when travelling to Italy

* exercises to work on with a partner

* exercises and games to work on with a group in order to practise the language through various practical situations

* games to be played with a partner or in a group

* Language Focus panels: these offer brief and concise structural and grammatical summaries with related activities

* LEARNING TIP: containing useful linguistic and cultural information

- frequent reviews enabling you to check your progress and to feel confident in what you have learnt

- Italian-English glossaries containing vocabulary used in the unit

- **LOOKING FORWARD** preparation and dictionary skills ready for the next unit

- links to our dedicated website www.accesslanguages.com containing extra activities to practise key points, useful links to Italian sites and advice on further study and examinations

Answers to the exercises and full recording transcripts are available in a separate Support Booklet and we strongly recommend that you obtain the **Access Italian Support Book and Audio Pack** (CD or cassette version), which will enable you to develop your listening skills and get used to hearing the Italian language as it is spoken now.

We hope that working through this course will be an enjoyable experience and that you will find this new approach to language learning fun.

ACCESS ITALIAN

CONTENTS

UNIT 1
Buongiorno!

By the end of this unit you will be able to:

- Say hello and introduce yourself
- Understand different greetings
- Talk about your nationality
- Say where you live
- Spell your name
- Use numbers from 1 to 20

We suggest that you come back to this checklist as you progress through the unit. You can then judge how you are getting on.

Recognising words or phrases in Italian is not always as difficult as it might seem. Three factors are worth bearing in mind:

1 Many English and Italian words come from Latin and Greek and are very similar: for example, **fotografia** (photography) and **repubblica** (republic).

2 The Internet age has hugely accelerated the immigration of English and American words into the Italian language. For example, **computer**, **software**, **e-mail**, **fast food**, **last minute**.

3 Many Italian words are commonly used in everyday English. For example, **pasta**, **pizza**, **ciao**, **gran finale**, etc.

Can you guess the meaning of the following words?

aeroplano	bicicletta	nome	famiglia	madre
padre	numero	nazionalità	alfabeto	uno

1 Primi contatti (First contacts)

A (listen) Listen to the dialogue and pick out what information is asked for in the list below. Don't worry at this stage about understanding every word. Just see if you can get the gist.

- ( ) Nationality
- ( ) Name
- ( ) Telephone number
- ( ) Profession

B (listen) Now listen again to the dialogue for activity A and tick the words you hear:

> italiano   telefono   russo   americano   casa
> Inghilterra   nazionalità   indirizzo   ciao   architetto

C (listen) Listen to the dialogue for activity A once more and put the words of the questions below in the right order:

(TI) (COME) (CHIAMI) (?) *What's your name?*

(SEI) (DOVE) (DI) (?) *Where are you from?*

D (listen) Listen to the dialogue and fill in the gaps with the words in the box below:

> come   chiamo   piacere

(A) Ciao. ⬭⬭⬭⬭⬭⬭ ti chiami?

(B) Ciao. Mi ⬭⬭⬭⬭⬭⬭ Marco. E tu ?

(A) Mi chiamo Alberta.

(B) ⬭⬭⬭⬭⬭⬭ !

(A) Piacere!

E Now work in pairs and ask your partner what his or her name is and vice versa.

F In pairs, find the most appropriate greeting or goodbye for the following pictures. Remember that sometimes more than one solution is appropriate.

> buonasera   arrivederci   ciao
> buongiorno   buonanotte

1

2

3

4

5

LEARNING TIP:
Asking for help to understand

If you don't catch what is said, or someone is speaking too fast, you can ask the person to repeat what has been said: **Come, scusa?** (*Pardon?*) **Puoi ripetere, per favore?** (*literally, Can you repeat, please?*) or **Più lentamente, per favore**. (*Slower, please*).

Saying hello and goodbye

How you greet people depends on how formal the situation is.

Ciao is used for both *Hello/Hi* and *Goodbye* in informal situations, at any time of the day. **Salve** is a little more formal and is used for both *Hello/Hi* and *Good morning/afternoon/evening*.

Buongiorno (*Good morning*) is used to greet somebody more formally in the morning and early afternoon, whereas **Buonasera** (*Good evening*) is used in the late afternoon and evening (after about 5 p.m.). **Buongiorno** and **Buonasera** can also be used for saying *Goodbye*.

Arrivederci is used to say *Goodbye* at any time of the day.

Buonanotte (*Good night*) is used – formally and informally – when leaving after an evening out, for example, or before going to bed.

Saying thank you

Grazie means *Thank you*. To say *Thank you very much* use **Molte grazie**. When replying to **Grazie**, you say **Prego** (*You're welcome*).

1

2 Mi chiamo Adamo (My name's Adam)

A You will be given a card with a name on it. Go round the class and find the person who forms the other half of your pair (for example: Adam – Eve).

Here are some words to help you with the dialogue.

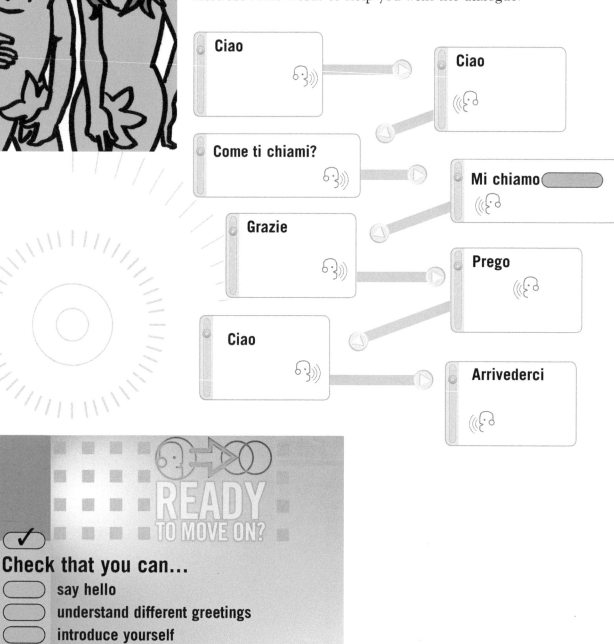

Ciao

Ciao

Come ti chiami?

Mi chiamo

Grazie

Prego

Ciao

Arrivederci

READY TO MOVE ON?

Check that you can...

- say hello
- understand different greetings
- introduce yourself
- say goodbye

The verb 'to be'

Here is the verb **essere** (*to be*):

(io)	**sono**	*I am*
(tu)	**sei**	*you are (informal)*
(lui / lei)	**è**	*he / she is*
(Lei)	**è**	*you are (formal)*

In Italian it is not usually necessary to say **io**, **tu**, etc, because the person you are talking about is shown by the form and ending of the verb itself. You can just say **sono italiano**, for example, instead of **io sono italiano**. However **io, tu, lui / lei** are used when they are needed for emphasis.

Tu and *Lei*

In formal situations or when people have never met before, Italians generally use the **Lei** form of the verb to address someone, as a formal way of saying 'you'. When used in this way, it's usually written with a capital letter: **Lei**. Nowadays the tendency amongst young people is to use the **tu** (informal 'you') almost all the time.

Lei form (formal)	**Tu** form (informal)
Come si chiama?	**Come ti chiami?**
Di dove è Lei?	**Di dove sei?**

(*Where are you from?*)

B **Lei o tu?** Look at the situations below and discuss with your partner whether to use the **Lei** or the **tu** form.

1 2 3 4 5 6

Buongiorno! UNIT 1

C Buonasera. Come si chiama? *Good evening, what's your name?*

Listen to the dialogue and fill in the gaps with the words as you hear them:

A Buonasera. Come si chiama?

B ⬭. Mi chiamo Marco Gennari. E ⬭?

A ⬭ Alberta Pedretti.

B Piacere!

A ⬭!

3 L'alfabeto (the alphabet)

A Listen carefully to the sounds of the Italian alphabet:

A	a	H	acca	Q	cu
B	bi	I	i	R	erre
C	ci	L	elle	S	esse
D	di	M	emme	T	ti
E	e	N	enne	U	u
F	effe	O	o	V	vi/vu
G	gi	P	p	Z	zeta

In addition there are five **lettere straniere** (foreign letters):

J	i lunga	X	ics
K	cappa	Y	ipsilon/i greca
W	doppia vi/vu		

B Listen to the sounds of the alphabet again and repeat them.

C Here are some Italian names. Try to identify them as you hear them:

Carlo   Giacomo   Simona   Luciano
Andrea   Matteo   Pietro   Beatrice

D Do you know the English version of these Italian names? What is the equivalent of **Carlo?** And of **Giacomo?**... Discuss this in the class.

E Listen and try to work out if the words below are spelt with a single or a double consonant.

1   pizza / piza

2   capelli / cappelli

3   Lece / Lecce

4   panino / pannino

F **Come si scrive?** *How do you spell it?* Ask your partner to spell her/his name for you using the Italian alphabet and then swap roles.

Esempio:

(A) Come ti chiami?

(B) Giorgio Lorenzetti.

(A) Come scusa? Come si scrive?

(B) Giorgio: gi, i, o, erre, gi, i, o; Lorenzetti: elle, o, erre, e, enne, zeta, e, doppia ti, i.

LEARNING TIP:

In Italian, double consonants are stressed more heavily than single ones. The sound becomes harder as in the word **Matteo** (Matthew), which you have just heard on the recording. It is important to be careful about this, in order to avoid misunderstandings. For example the word **capelli** means *hair*, but the word **cappelli** means *hats*!

To get used to Italian pronunciation ask an Italian speaker to transpose your name into Italian: e.g. Mark will become **Marco**. Then go around the class repeating activity 2A.

Note that there are several Italian names for men that end in **-a**: e.g. **Andrea** (Andrew), **Luca** (Luke) and **Nicola** (Nicholas).

Want to know more about Italian names? You'll find interesting links on our website

Buongiorno!

4 Sono italiano (I'm Italian)

A Listen and pick out the nationalities you hear:

italiana	giapponese	greco	irlandese	coreano	russa
spagnolo	tedesca	scozzese	finlandese	brasiliano	
francese	inglese	argentina	australiana	indiano	

LANGUAGE FOCUS

Gender

Many words for nationalities end in **-o** for males and **-a** for females: e.g. **italiano - italiana**, **americano - americana**. But words ending in **-e**, e.g. **inglese**, are the same for both sexes:

Francesco è italiano (m)
Martina è italiana (f)

but:

John è inglese (m)
Anne è inglese (f)

B Using the words in activity 4A, complete the table below, following the example. If there are nationalities you don't know, you can check them in the glossary at the end of the unit.

Femminile	Maschile	Femminile/Maschile
italiana	coreano	inglese

C ✏️ 🎧 Write the correct form of the nationality:

1 Mark è ( ) . (English)

2 Sara è ( ) (Italian), José è ( ) . (Spanish)

3 Friedrich è ( ) . (German)

4 Julie è ( ) . (French)

5 Matteo è ( ) . (Italian)

6 Angus è ( ) . (Scottish)

7 Anastasios è ( ) . (Greek)

8 Yokohono è ( ) . (Japanese)

9 Gary è ( ) (Irish)

D 🎲 ✏️ 🎧 Match the people in the left column to the nationalities in the right column:

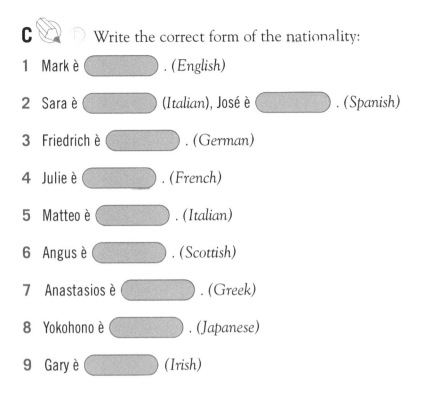

1	Paola	russo
2	James	tedesco
3	Riccardo	italiana
4	Valérie	coreano
5	Igor	italiano
6	Carmen	francese
7	Wilhelm	inglese
8	In-Hoo	spagnola

Buongiorno!

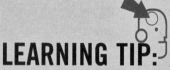

E Listen to this conversation between Marie, Pedro and Alessandra and fill in the gaps with the missing information.

Marie e Pedro: Buongiorno.

Alessandra: Buongiorno. Come si chiama, signora?

Marie: Mi chiamo Marie Legrand.

Alessandra: Come si scrive?

Marie: Il ( ) si scrive emme, a, erre, i, e. Il cognome elle, e, gi, erre, a, enne, di.

Alessandra: Di dov'è Lei?

Marie: Sono ( ).

Alessandra: Bene. E Lei, come si chiama?

Pedro: Mi chiamo Pedro Fernandez.

Alessandra: Fernandez si scrive con la esse o con la zeta?

Pedro: Con la ( ).

Alessandra: E di dov'è Lei, signor Fernandez?

Pedro: Io ( ) ( ). E Lei, come si chiama?

Alessandra: Mi chiamo Alessandra Bertelli e sono ( ). Benvenuti!

Check that you can...
- [ ] say where you are from
- [ ] say the Italian alphabet
- [ ] spell your name.

READY TO MOVE ON?

5 Dove abiti, Graziana?

(Where do you live, Graziana?)

To ask someone where they live, you say   **Dove abiti? (tu** form)
                                                    Dove abita? (Lei form)

To say the country you live in: **Abito in** …   *e.g.* Abito **in** Italia
        the area you live in: **Abito in** …   *e.g.* Abito **in** Toscana
        the city you live in: **Abito a** …   *e.g.* Abito **a** Roma

If you live on a small island, you say **Abito a** … (*e.g.* **Abito a Capri**);
but if the island is a big one, you say **Abito in** … (*e.g.* **Abito in Sicilia**).

A   Choose which is correct:

1	a / in Londra	6	a / in Cagliari
2	a / in Italia	7	a / in Veneto
3	a / in Sardegna	8	a / in Palermo
4	a / in Lussemburgo	9	a / in Roma
5	a / in Lampedusa	10	a / in Puglia

LEARNING TIP:

Sì	Yes	Remember that you need an accent on the **i**.
No	No	

B 🎧 💬 ▷ Listen to the dialogues and fill in the gaps with **a** or **in**:

Dialogo A

Graziana: Luca, dove abiti?

Luca: Abito ( ) Napoli. E tu?

Graziana: Abito ( ) Francia.

Luca: Dove?

Graziana: ( ) Montpellier.

Dialogo B

Patrizia: Giorgio, abiti ( ) Roma, vero?

Giorgio: No, abito ( ) Napoli. E tu, Patrizia, abiti ( ) Toscana?

Patrizia: No!

Giorgio: No? E dove abiti?

Patrizia: ( ) Torino.

LANGUAGE FOCUS

Verbs

In Italian there are three groups of verbs, categorised by the endings of their infinitive or dictionary forms:

the **-are** group: e.g. **abitare** *to live*, **mangiare** *to eat*

the **-ere** group: e.g. **vendere** *to sell*, **prendere** *to take*

the **-ire** group: e.g. **dormire** *to sleep*, **finire** *to finish*

-are verbs have the following endings in the present tense singular:

	abitare	
(io)	abit**o**	*I live*
(tu)	abit**i**	*you live*
(lui/lei/Lei)	abit**a**	*he/she lives, you live*

D 🖊️ Fill in the gaps with the correct form of the verb in brackets.

1   Marco ⬭ a Firenze. (abitare)

2   Lei ⬭ a Lecce. (lavorare)

3   A: Tu ⬭ a Milano? (studiare)

   B: Sì, ⬭ a Milano, ma ⬭ a Genova. (studiare, lavorare).

4   Io ⬭ a Bologna, ma ⬭ a Reggio Emilia. (studiare, abitare).

5   Io ⬭ a Palermo e Anna ⬭ a Catania. (lavorare, studiare).

6   A: Lei ⬭ la signorina Marchesi? (essere)

   B: Sì. ⬭ io! (essere)

6 I numeri (numbers)

LANGUAGE FOCUS

🎧 Here are the numbers from 0 to 20:

0	zero	6	sei	12	dodici	18	diciotto
1	uno	7	sette	13	tredici	19	diciannove
2	due	8	otto	14	quattordici	20	venti
3	tre	9	nove	15	quindici		
4	quattro	10	dieci	16	sedici		
5	cinque	11	undici	17	diciassette		

UNIT **1**

A Work with a partner. Write down a list of five numbers each. Partner A reads the list to Partner B, who writes down the numbers. Then check your results.

	Partner A	Partner B
1		
2		
3		
4		
5		

B Tick the four phone numbers you hear:

01521 552496		06 3555109	
06 352109		347 1818302	
335 5416640		347 1881320	
02 432221		0528 564290	

C Fill in the gaps with the missing numbers.

1 due + ( ) = nove

2 quattro × uno = ( )

3 tredici – ( ) = tre

4 dodici + ( ) = diciotto

5 venti : cinque = ( )

There are many different ways of learning vocabulary. Find out what method suits you best. You could, for example, write new words in your notebook and revise them at home. Or you could copy them onto 'post-it' notes and distribute them throughout your house. Or how about recording them onto a cassette? Or copy them onto little cards (English one side, Italian the other) and test yourself. Whichever method you choose, repetition is the secret.

In the glossary you will find some grammatical terms such as 'adjectives', 'conjunctions', etc. which will also appear throughout the units. Don't worry if you don't understand them! You can always refer to the grammatical glossary at the end of the book.

GLOSSARY

Nouns

signor(e)	Mr, sir
signora	Mrs, madam
signorina	Miss
nome (m)	name
cognome (m)	surname
numero	number
numero di telefono	phone number

Adjectives: nationalities

argentino/a	Argentinian
australiano/a	Australian
brasiliano/a	Brasilian
coreano/a	Korean
finlandese	Finnish
francese	French
giapponese	Japanese
greco/a	Greek
indiano/a	Indian
inglese	English
irlandese	Irish
italiano/a	Italian
russo/a	Russian
scozzese	Scottish
spagnolo/a	Spanish
tedesco/a	German

Verbs

abitare	to live
chiamarsi	to be called
essere	to be
lavorare	to work
ripetere	to repeat
scrivere	to write
studiare	to study

Expressions

Ciao!	Hello! Hi! Bye! See you!
Salve	Hi, Hello
Buongiorno	Good morning, Hello
Buonasera	Good afternoon, Good evening
Buonanotte	Goodnight

UNIT 1

GLOSSARY

Piacere!	Nice to meet you!	**Come ti chiami?**	What's your name?
Arrivederci	Goodbye	**Come si scrive?**	How do you spell it?
Per favore	Please	**Di dove sei?**	Where are you from?
Grazie	Thank you	**Dove abiti?**	Where do you live?
Prego	You're welcome	**Puoi ripetere?**	Can you repeat that?
vero?	don't you? isn't it? aren't you? etc	**Più lentamente**	More slowly
		Come? Scusa?	Pardon? Excuse me
Mi chiamo	My name is …		

LOOKING FORWARD

In **Unit 2** we will be learning how to order drinks and food in a bar or restaurant. To prepare, look at the list of food and drinks below. Do you know what they are? Do you like Italian food? Which dish is your favourite? Look up any words you can't guess in your dictionary and find your favourite food/drink if it is not listed.

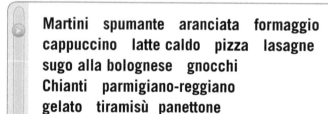

Martini   spumante   aranciata   formaggio
cappuccino   latte caldo   pizza   lasagne
sugo alla bolognese   gnocchi
Chianti   parmigiano-reggiano
gelato   tiramisù   panettone

UNIT 2
E tu cosa prendi?

UNIT 2
E tu cosa prendi?

By the end of this unit you will be able to:

- Ask somebody how they are
- Understand how genders work
- Understand and use the articles *the* and *a,an*
- Order in a bar or a restaurant
- Use numbers from 20 to 100
- Buy food in the market

1 Ti ricordi ancora? (Do you remember?)

A Can you match the figures with the words?

otto	⬭	tre	⬭	1
dieci	⬭	quattordici	⬭	5 8
cinque	⬭	due	⬭	20 14
quattro	⬭	venti	⬭	10 2
uno	⬭	sette	⬭	6 4
diciotto	⬭	sei	⬭	3 1

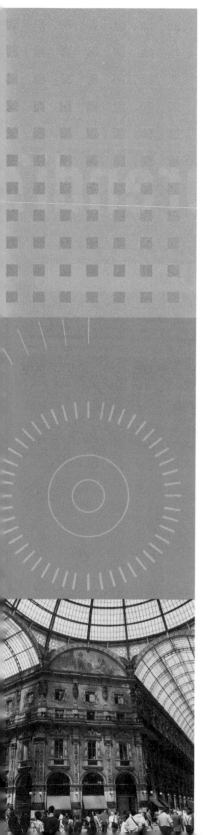

B Complete the following sentences with the appropriate question words, then listen and check.

> **Come   Dove   Di dove   Come**

1 ⬭ si chiama?

2 ⬭ abiti?

3 ⬭ sei?

4 ⬭ si scrive?

C Fill in the gaps with the correct verbs. Listen and check your answers.

> **sono   sei   abiti   chiamo   chiama**

1 Come si ⬭ , scusi?

2 Dove ⬭ , Alessandro?

3 Io ⬭ di Milano.

4 Mi ⬭ William.

5 ⬭ inglese?

D Can you remember the nationalities of the following people and use the correct forms of each?

1 Chiara abita a Venezia.

2 Trevor è di San Francisco.

3 Dolores è di Sevilla.

4 Eileen è di Glasgow.

5 Frank è di Heidelberg.

6 Brett è di Sydney.

2 Cibi e bevande (Food and drink)

A Can you match the pictures with the names?

birra

caffè

Coca-Cola

cappuccino

1

2

bicchiere di acqua minerale

gelato

bicchiere di vino

aranciata

3

4

5

6

7

8

B Look at the pictures below. How many of these Italian foods do you know?

1

2

3

4

E tu cosa prendi? UNIT 2

C Listen to the following dishes:

> **lasagne   gnocchi   sugo alla bolognese   tagliatelle**
> **tagliata di manzo   pollo alla cacciatora**

Now listen again and repeat them out loud, taking particular care with the **gn** and **gli** sounds.

D Now try and say the following words:

> **tagliare** (to cut)   **tovagliolo** (napkin)
> **fungo** (mushroom)   **conchiglie** (pasta shells)

3 Al bar

A Andrea has arranged to meet up with a friend in the city centre. Listen to their conversation and tick the words you hear:

> **prendo   gelato   pizza   caffè   da bere   aranciata**

LANGUAGE FOCUS

Avere *(to have)*

Avere is one of several verbs which don't unfortunately follow the regular patterns:

(io)	**ho**	*I have*
(tu)	**hai**	*you have*
(lui/lei/Lei)	**ha**	*he/she/it has*
		you have (formal)

As well as meaning 'to have', **avere** is also used in certain expressions where in English you use the verb 'to be':

Ho fame	*I'm hungry*
	(literally: I have hunger)
Ho sete	*I'm thirsty*
Ho freddo, caldo	*I'm cold, hot*

Prendere *(to take)*

Prendere belongs to the **-ere** group:

(io)	prend**o**	*I take*
(tu)	prend**i**	*you take*
(lui/lei/Lei)	prend**e**	*he/she takes*
		you take (formal)

It's very useful for buying something or ordering something to eat or drink: **prendo una birra** *I'll have a beer.*

B What is the English for the following?

1 Hai sete?

2 Ha fame.

3 Hai caldo?

LEARNING TIP:

In Italian the letter **h** is never pronounced. The pronunciation of **ha** is therefore the same as **a**.

Say out loud the following Italian words: **ha, ho, hai, hotel.**

When **h** is preceded by the letters **c** or **g** it makes these letters hard, like 'c' in 'cat' (**forchetta** *fork*, **bicchiere**) and 'g' in 'garden' (**funghi** *mushrooms*, **spaghetti**).

Listen carefully to the pronunciation of the following words:
chiesa, chiuso, amiche, laghi, traghetto

Now say the following words out loud: **ghiaccio, chiedere, maghi**

E tu cosa prendi? UNIT 2

C 🎧 ✎ ⬭ Now listen again to the dialogue you heard in activity 3A and answer the questions:

1 Where are Andrea and Giorgio?

   a In a bar.

   b In a restaurant.

   c At the cinema.

2 Which of these phrases was used in the dialogue?

   a Che cosa prendi?

   b Che cosa mangi?

   c Che cosa vuoi?

3 Which answer did you hear?

   a Prendo un piatto di spaghetti.

   b Prendo un panino.

   c Prendo un caffè.

D ✎ ⬭ Put the words in the correct order:

1 (**COSA**) (**CHE**) (**PRENDI**) (**?**)

What will you have?

2 (**FAME**) (**HO**)

I'm hungry.

3 (**PANINO**) (**UN**) (**PRENDO**)

I'll have a bread roll.

Nouns and gender

Everything around you (words for things, people and ideas) has a gender in Italian – either masculine (**maschile**) or feminine (**femminile**) – and most of the words you use to describe them (adjectives such as *good*, *happy*, *this*, *red*, etc) change their endings to match the gender of the person or thing. The most common endings for singular nouns are **-o**, **-a** or **-e**.

Most nouns ending in **-o** are masculine:
     gelato, vino, aperitivo
Most nouns ending in **-a** are feminine:
     pizza, acqua, arancia, birra

Some nouns ending in **-e** are masculine, others are feminine: **bicchiere** (*glass*) and **caffè** (*coffee*) are masculine, but **porzione** (*portion*) and **carne** (*meat*) are feminine.

If you don't know the gender of nouns ending in **-e**, look it up in the Glossary or in an Italian dictionary.

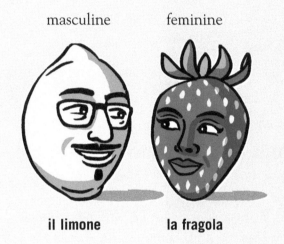

masculine   feminine

il limone   **la fragola**

E Divide the words below into masculine and feminine by looking at their endings. For the words ending in **-e** check the Glossary at the end of the unit.

> cioccolata   bicchiere   tovagliolo   confezione
> tazza   cannuccia   panino   tavolo   conto   mancia
> prenotazione   pesce   carne

E tu cosa prendi?

You'll find more practice on
genders and articles on
www.accesslanguages.com

4 Una pizza e un caffè

A In the following list, look at the different words in Italian for *a* or *an*. Can you match up the Italian and the English?

un panino	a mushroom pizza
una pizza ai funghi	an orange drink
un'aranciata	a sparkling wine
uno spumante	a bread roll

LANGUAGE FOCUS

Words for *a, an* (indefinite articles)

Italian has four words – **un**, **una**, **uno**, **un'** – rather than the two in English. It's not as complicated as it seems, because **un** and **una** are by far the most common. **Un** is used for masculine words and **una** for feminine words:

Prendo **un** caffè. *I'll have a coffee.*
Prendo **una** pizza. *I'll have a pizza.*

Un is used before masculine words that start with either a vowel or most consonants:

> **un** cappuccino, **un** aperitivo

Una is used only before words starting with a consonant:

> **una** pizza, **una** tazza (*a cup*)

Una becomes **un'** when the following feminine word starts with a vowel:

> **un'**aranciata (*an orange drink*)

Un becomes **uno** when the following masculine word starts with **s** + consonant (e.g. **st** or **sp**) **ps**, **z**, **gn** or **y**:

> **uno** studente (*a student*),
> **uno** spumante (*a sparkling wine*)
> **uno** psicologo (*a psychologist*),
> **uno** zoo (*a zoo*)

B 🖊️ 🔲 Can you work out which word (**un, una, uno or un'**) should go in front of the following?

1 ⬭ aperitivo

2 ⬭ birra

3 ⬭ bottiglia

4 ⬭ tovagliolo

5 ⬭ cappuccino

6 ⬭ cioccolata

7 ⬭ acqua minerale

8 ⬭ conto

C 🎲 🖊️ 🔲 Can you write the following words in Italian?

1 a chicken

2 a coffee

3 a glass

5 a cup

6 an ice-cream

D 🧠 🔊 You're in an Italian bar with some friends. Can you each say what you want to drink?

LEARNING TIP:
Ordering drinks

As an alternative to
prendo *I'll have*
You can say:
Per me *For me*
Per me una Coca-Cola.
For me a Coca-Cola.
And if what you want is the same as what somebody else wants you can say:
Anche **per me.**
For me too.

E tu cosa prendi? UNIT 2

25

5 Hai fame?

A 🎲 🧠 🎧 ▷ Have a look at the menu at the Bar La Ducale and read out loud all the items. Do you know what they mean?

BAR LA DUCALE • BAR LA DUCALE • BAR LA DUCALE

● ● Caffè	€ 1,00
● ● Cappuccino	€ 1,50
● ● Aranciata/Limonata	€ 2,00
● ● Spremuta	€ 4,00
● ● Birra piccola	€ 2,00
● ● Birra grande	€ 3,00
● ● Gelato, Paste	€ 2,75
● ● Aperitivo	€ 2,00
● ● Spumante	€ 3,00
● ● Panini	€ 4,50
● ● Succhi di frutta	€ 3,50

B 🔊 🧑‍🤝‍🧑 ▷ What other drinks might you find in a bar in Italy? Anything else which isn't on this list?

Birra piccola
(small glass of beer)

Birra grande
(big glass of beer)

C 🔊 🧑‍🤝‍🧑 ▷ These are the most popular ways to drink coffee in an Italian bar. Discuss in pairs and try to work them out. Check in the glossary for any you don't know.

1 caffè espresso   4 caffè lungo

2 caffè deca   5 caffè macchiato

3 caffè corretto   6 caffè freddo

D 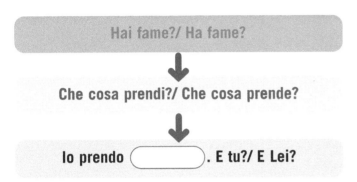 You are at the Bar La Ducale with your partner. Ask your partner if he/she is hungry or thirsty, then decide together what you are going to order. Use the following phrases:

> Hai fame?/ Ha fame?
>
> ↓
>
> Che cosa prendi?/ Che cosa prende?
>
> ↓
>
> Io prendo ( ). E tu?/ E Lei?

E Symbols are often the same the world over. Can you match the pictures below with their Italian meanings?

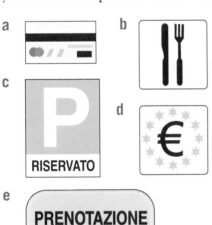

a

b

c

d

e

1 ristorante

2 carta di credito

3 parcheggio riservato

4 pagamento in euro

5 prenotazione obbligatoria

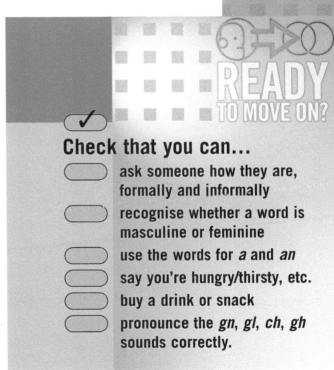

READY TO MOVE ON?

✓

Check that you can...

- ask someone how they are, formally and informally
- recognise whether a word is masculine or feminine
- use the words for *a* and *an*
- say you're hungry/thirsty, etc.
- buy a drink or snack
- pronounce the *gn*, *gl*, *ch*, *gh* sounds correctly.

E tu cosa prendi? 2

6 Al ristorante

A  Listen to the conversation between signor Ferretti and signora Villa in a restaurant, and try to work out what they order.

B Listen to the dialogue again as you read it, and fill in the gaps with the words from the box:

grazie	bicchiere
fame	bere
prendo	ho
la trota	pane

Signor Ferretti: Oh bene, oggi ( ) proprio fame.

Signora Villa: Anch'io ho ( ). Allora ordiniamo?

Signor Ferretti: Sì. Va bene.

Cameriera: Buongiorno, signori! Volete ordinare?

Signora Villa: Sì, ( ). Allora io prendo un piatto di spaghetti al pomodoro e un ( ) di vino rosso.

Cameriera: Certo.

Signor Ferretti: Io invece vorrei gli gnocchi e di secondo …che cosa avete di pesce?

Cameriera: Di pesce abbiamo il branzino e la trota.

Signor Ferretti: Va bene ( ), ai ferri per cortesia.

Cameriera: E da ( )?

Signor Ferretti: Ah, da bere ( ) un bicchiere di vino bianco.

Cameriera: Certo. Allora, un piatto di spaghetti al pomodoro, gli gnocchi, una trota ai ferri e da bere un bicchiere di vino rosso e un bicchiere di vino bianco. Desiderano qualcos'altro?

Signor Ferretti: No grazie…ah magari, un po' di ( ), per cortesia.

Cameriera: Del pane, certo!

LEARNING TIP:
Saying please

To say *please* you can use **per favore**, **per piacere** or **per cortesia**. There is no difference in the meaning – **per cortesia** is a little more formal than **per favore** and **per piacere**.

Many Italian restaurants have their own websites. For a selection of the best, and ideas on how to use them to improve your Italian, go to www.accesslanguages.com

C Did the waitress get their order right?
Look at her notes and check activity 6B again.

D Match the Italian words and phrases on the left with their correct English equivalent:

1	Certo!	Thanks
2	Invece	Sure! Certainly!
3	Molte grazie	Instead
4	Scusi!	Thank you very much
5	Per favore	Please
6	Grazie	Excuse me!
7	Per cortesia	I would like
8	Vorrei	You're welcome
9	Prego	OK
10	Va bene	Please

Ai Ranari

1 bottiglia di vino bianco

1 bicchiere di vino rosso

1 pizza ai funghi

1 gnocchi

1 trota ai ferri

pane

E tu cosa prendi?

There's further practice in ordering food and drink in Italian on our website

LANGUAGE FOCUS

Words for *the* (definite articles)

There are several words for *the* (definite articles) in Italian: **il**, **la**, **l'**, **lo**, for singular words and **i**, **le**, and **gli** for plural words. Here we concentrate mainly on the singular forms; for the plural forms see Language Focus p.75. By far the most common words for *the* are **il** and **la**:

il gelato   **il** is used in front of masculine nouns

la pizza   **la** is used in front of feminine nouns

When the noun following starts with a vowel, **il** and **la** are shortened to **l'**:

     l'aperitivo (m.),
     l'aranciata (f.)

There is one other article – **lo** – which is used only in front of masculine nouns starting with a double consonant such as **sp**, **st**, **sc**, **gn**, **ps**, or **z**, **y** or **x**:

lo studente   **lo** specchio   **lo** psicologo
lo yoga   **lo** zoo

LEARNING TIP:
Saying what you prefer

'What do you prefer?' is **Cosa preferisci?** When talking about general likes and dislikes in Italian you usually add the article before the item mentioned - **pasta**, **pizza**, etc:

(**tu** form)

Preferisci **la** pasta o **la** pizza?

Do you prefer pasta or pizza?

(**Lei** form)

Preferisce **la** pasta o **la** pizza?

To answer you say: **Preferisco** ...

E **Preferisci la pasta o la pizza?** Can you ask and answer these questions in Italian? Work with your partner. The first one has been done as an example.

1   Do you prefer coffee or tea?   Preferisci il tè o il caffè?
                                     Preferisco il tè.

2   What do you prefer? Pasta or pizza?

3   Do you prefer water or wine?

4   Ice-cream or panettone?

5   What do you prefer? Meat or fish?

Check that you can...

- order a meal in a restaurant
- say what you want to drink
- say what you prefer.

7 I numeri

A Listen to the numbers from 21 to 100.

LANGUAGE FOCUS

21	ventuno	31	trentuno
22	ventidue		etc
23	ventitré	40	quaranta
24	ventiquattro	50	cinquanta
25	venticinque	60	sessanta
26	ventisei	70	settanta
27	ventisette	80	ottanta
28	ventotto	90	novanta
29	ventinove	100	cento
30	trenta		

Remember that 21 is **ventuno** (not **ventiuno**) and that 28 is **ventotto** (not **ventiotto**)
The same applies to 31, 38, 41, 48, etc

B Write out the numbers below next to the figures:

a 45 quarantacinque

b 38

c 94

d 62

e 71

f 80

g 93

h 56

C Listen to the numbers and tick them as you hear them:

95	81	13	20	73	82	59	66	44

LEARNING TIP:
Asking about age

To ask how old someone is in Italian you have to use the verb **avere** (see p. 21)

Quanti anni **hai**? *How old are you?*

Ho ventisette anni.
I am 27 (years old).

Go around the class and ask you classmates. Is there anybody the same age as you?

UNIT **2**

D Look at the picture below and answer the following questions in Italian. Before attempting the activity, review numbers 1–20 (**Unità 1**):

1 How many bottles are there?

2 How many glasses?

3 How many cups?

4 How many forks?

5 How many bread rolls?

8 Quanto costa? Quanto costano?

A Fill in the gaps with **costa** or **costano**.

1 Quanto ⬭ due pizze?

2 Quanto ⬭ la bottiglia di vino?

3 Quanto ⬭ due porzioni di lasagne?

4 Quanto ⬭ la trota?

5 Quanto ⬭ l'aranciata e la Coca-Cola?

6 Quanto ⬭ il caffè macchiato?

7 Quanto ⬭ il pesce?

8 Quanto ⬭ la trota e il branzino?

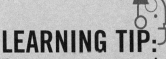
LANGUAGE FOCUS

Asking how much

If you want to find out how much something costs, you say: **Quanto costa?**
If you want to ask how much two or more items cost, you say: **Quanto costano?**

Quanto costa **il gelato?**   but   **Quanto costano** due cappuccini?

If you want to say how much one item costs it's **costa**; two or more is **costano**:

Il gelato **costa** 2,75 euro.
La pizza e il gelato **costano** 8 euro.
Gli spaghetti **costano** 6 euro.

For the plural patterns of verbs, see page 44.

To ask how much the total is you say **Quant'è?** *How much is it?*

B 🎧 🔤 Looking at the Bar La Ducale menu (activity 5A), answer the following questions and then check the answers in pairs.

1   Quanto costa il cappuccino?

2   Quanto costa lo spumante?

3   Quanto costano due aranciate?

4   Quanto costano quattro aperitivi?

5   Quanto costa una spremuta?

2

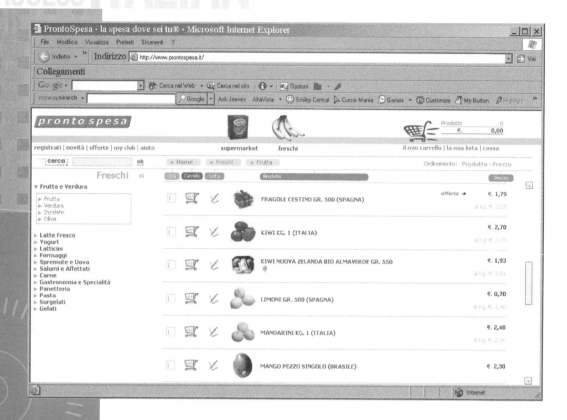

C You want to prepare a fruit salad (**macedonia**). You don't feel like going to the supermarket so you look at the supermarket web page to see what ingredients you can find. Decide if the following statements are true (**vero**) or false (**falso**):

		Vero	Falso
1	Un chilo di mandarini costa 1 euro 40 centesimi.		
2	Un mango brasiliano costa più di (*more than*) €2.		
3	Fragole e kiwi sono in offerta.		
4	Mezzo chilo di limoni costa €0,70.		

9 Fare la spesa (To do the shopping)

A Marco is going shopping at the Mercati generali, where you can buy fruit, vegetables, meat and cheese. Listen to the dialogue and tick the words you hear from the list below.

mezzo chilo di carote ⬭   un chilo di arance ⬭

sei uova ⬭   mezzo chilo di patate ⬭

un chilo di lattuga ⬭   due chili di pane ⬭

due piccole cipolle ⬭   il latte ⬭

B Listen again to the dialogue for activity A. Two of the things Marco asks for are not available.

1 Which two items are they?

2 Where is he told he can buy them?

3 How does he ask: How much is it?

4 How much does the shopping come to?

C Now it's your turn to go shopping. This is what you want: How would you ask? Start with **Vorrei** …

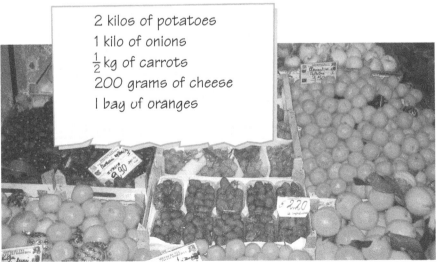

2 kilos of potatoes
1 kilo of onions
$\frac{1}{2}$ kg of carrots
200 grams of cheese
1 bag of oranges

E tu cosa prendi? 2

GLOSSARY

Nouns

acqua minerale	mineral water
aperitivo	aperitif
arancia	orange
aranciata	orange drink
bicchiere (m)	glass
birra	beer
bottiglia	bottle
branzino	sea bass
caffè (m)	coffee
caffè corretto	coffee laced with e.g. brandy
caffè macchiato	coffee with a dash of milk
cannuccia	straw
cappuccino	cappuccino
carne (f)	meat
carota	carrot
carta di credito	credit card
cestino	basket
chilo	kilo
cioccolata	hot chocolate, a bar of chocolate
cipolla	onion
confezione (f)	pack
conto	bill
etto	100g
forchetta	fork
formaggio	cheese
fornaio	baker
fragole (fpl)	strawberries
fungo	mushroom
gelato	ice cre m
gnocchi (mpl)	gnocchi (small semolina or potato dumplings)

lasagne (fpl)	lasagne
latte (m)	milk
lattuga	lettuce
lamponi (mpl)	raspberries
limonata	lemonade
limone (m)	lemon
trota	trout
mancia	tip
manzo	beef
pagamento	payment
pane (m)	bread
panettone (m)	spiced brioche with sultanas
panino	bread roll
pasta	pastry
patata	potato
pesce (m)	fish
piatto	dish, plate
pollo	chicken
prenotazione (f)	booking
prosciutto	ham
ragazzo	boy
ristorante (m)	restaurant
sacchetto	(small) bag
spaghetti (mpl)	spaghetti
specchio	mirror
spremuta	fresh orange juice
spumante (m)	sparkling wine
succo	juice
sugo	sauce, juice
tagliata	cut
tavolo	table
tazza	cup, mug
tè (m)	tea

GLOSSARY

tovagliolo	napkin
uova (fpl)	eggs
vino	wine

Adjectives

bianco/a	white
freddo/a	cold
grande	big
lungo/a	long
obbligatorio/a	compulsory
piccolo/a	small
rosso/a	red

Verbs

avere	to have
bere	to drink
costare	to cost
desiderare	to wish
ordinare	to order
preferire	to prefer
prendere	to take
volere	to want

Phrases

alla cacciatora	chasseur
ai ferri	grilled
al pomodoro	with tomato
allora	so …, well …
di fianco	next door
invece	in fact, instead
per cortesia	please
un po' di	some, a little

Expressions

Che cosa prendi?	What'll you have?
Certo!	Certainly!
Ecco a Lei	Here you are
Ho fame	I'm hungry
Ho sete	I'm thirsty
Oh bene!	Excellent!
Qualcosa d'altro?	Something else?
Scusi	Excuse me, sorry
Va bene	OK, all right
Vorrei	I'd like

LOOKING FORWARD

In **Unit 3** we will be talking about jobs. To prepare for the next unit, how would you say your job in Italian? And the one you always wanted to do when you were a child? To start with, find out the meaning of the following jobs in your dictionary:

> commesso   calciatore   cantante   postino
> professore   imprenditore   direttore   generale
> operaio   farmacista   cameriere   dentista

UNIT 3
Che lavoro fai?

2

UNIT 3
Che lavoro fai?

We suggest that you come back to this checklist as you progress through the unit. You can then judge how you are getting on.

1 Ti ricordi ancora?

A Can you match the correct words and figures? Then say them out loud.

tre	otto	diciassette
cinquantadue	quindici	uno
tredici	trentaquattro	settantacinque
undici	nove	

1 *15* **3** 52 **9** 11   *13*   34   75   *9*   17

B Working with your partner, decide how you would order the following:

1   I'll have a dish of spaghetti with tomato …

    and a glass of mineral water, please.

2   And I'll have a grilled trout …

    and to drink I'll have a glass of white wine.

C Fill in the blanks with the words in the box.

> come   quanti (x2)   che cosa   dove (x2)   di dove   quanto

1   ⬭ abita Giacomo?

Giacomo abita a Roma.

2   ⬭ si chiama la madre di Matteo?

La madre di Matteo si chiama Silvana.

3   Io prendo un cappuccino.

⬭ prendi tu?

4   ⬭ anni ha Giovanna?

Giovanna ha 27 anni.

5   ⬭ costa il pranzo?

Il pranzo costa 29 euro.

6   ⬭ abita Lei?

Abito in Viale Risorgimento.

7   ⬭ è Luigi?

Luigi è di Napoli.

8   Io ho trentadue anni. E tu ⬭ anni hai?

Now listen and check your answers.

Che lavoro fai? **3**

2 Il biglietto da visita

A Here are four business cards. Which card belongs to whom?

a

Centro Benessere 'Iride'
www.centrobenessereiride.it

Dott. Enrica Gualerzi
Medico
Spec. Geriatria

Viale Canali, 7
Albinea (RE)
Tel. 0522/334216

b

Art Studio 'Franzini'

Carlo Bianchi
Fotografo

Via Caravaggio, 3
00100 Roma
Tel. 06/6124344

c

ADC Costruzioni s.r.l

Dott. Anastasio Di Costantino
Ingegnere Civile

Via dei Fioristi, 24
80029 Cutro
Tel. 081/3063823
email: DiCostantino@tin.it

d

Dott.ssa Bianca Maria Chiari
Giornalista

'Art Italia'

via Benevelli, 3
53100 Siena
Tel. 0577/53123
Fax: 0577/53122
email: bmc@libero.it

1 Fa l'ingegnere.   3 Fa il fotografo.

2 È giornalista.   4 È medico.

LANGUAGE FOCUS

Fare *(to do)*

To ask someone what job they do you can say:

(tu form)	**Che cosa fai?**	**(Lei** form)	**Che cosa fa?**	*What do you do?*
(tu form)	**Che lavoro fai?**	**(Lei** form)	**Che lavoro fa?**	*What's your job?*

Fare (*to do, to make*) is an irregular verb. Here is part of the present tense:

(io)	faccio	*I do*
(tu)	fai	*you do*
(lui/lei/Lei)	fa	*he/she does*, *you do* (formal)

There are two ways of saying what you do. You can either use the verb **fare**:

Faccio + article + job: **Faccio** il medico. *I'm a doctor.*
                              Fa la giornalista. *He's /she's a journalist.*

or **essere**:

Sono + job: **Sono** calciatore. *I'm a footballer.*
                              È infermiera. *She's a nurse.*

Note that with **essere** you don't use the article; you say 'I am nurse', rather than '<u>a</u> nurse'.

B  Look at these pictures and try to match them up with the jobs below.

1 **2** **3** **4** **5**

postino   **maestra**   **dentista**   **segretaria**   **commessa**

C How would the people in activity A say what they do? Start with **Sono** …

D Using the jobs in activity B, write down what each person does, starting with **Fa il / lo / la** or **l'** …

3 Che cosa fa Luigi Botti?

A Listen to Luigi Botti talking about himself and his family. Try to listen out for the particulars of his job and what his wife does. Don't try to understand every single word – it's the gist that's important.

Which photo do you think is Luigi?

1

2

B Listen again and tick the words you hear.

> grande ditta   ufficio   ingegnere   sposato   marito
> moglie   insegnante   postino   scuola privata   bambini

C Listen again to the dialogue for activity A and tick the correct answers.

1 Dove abita Luigi Botti?

   a   a Bologna

   b   a Londra

   c   in Italia

2 Quanti anni ha?

   a   42

   b   25

   c   45

3 Che lavoro fa?

   a   l'insegnante

   b   il direttore

   c   l'ingegnere

4 Che cosa fa Clara?

   a   la pittrice

   b   la mamma

   c   l'insegnante

D In pairs, put the following jobs into the feminine form, or vice versa, as necessary.

1 attore   ⟶

2 operaio   ⟶

3 ⟵ oculista

4 pittore   ⟶

5 commesso   ⟶

E **Commesso o commessa?** Complete the sentences on page 43 with the correct form of the word in brackets. Don't forget to use **il**, **lo**, **la**, **l'** with the verb **fare**.

1 Clara fa ( ) . (*teacher*)

2 La madre di Marco fa ( ) a Milano. (*lawyer*)

3 Michelangelo è un famoso ( ) del XVI secolo. (*painter*)

4 Alessandro Del Piero è un ( ) della Juventus. (*footballer*)

5 Giorgia è una ( ) molto amata in Italia. (*singer*)

6 Silvio Soldini è un bravo ( ) italiano. (*film director*)

F **Dove lavori?** Read these articles in which Luigi and two other people describe what they do. Don't try to understand every word but look out for the ones you recognise. Can you pick out the verbs as you read them?

lavoro molto interessante e anche stressante. Ho una moglie, Clara, e due bambini: Marcello ha 6 anni e Benedetta ha 4 anni. Clara è insegnante di italiano e lavora in una scuola privata.

Mi chiamo Luigi Botti. Ho 45 anni e sono italiano. Sono di Milano, ma abito a Londra da cinque anni. Faccio l'ingegnere e lavoro per una grande ditta inglese che produce programmi per computer. È un

Io mi chiamo Luisa. Ho 27 anni. Lavoro da due anni per un' agenzia di viaggi. Faccio l'accompagnatrice turistica. Accompagno i turisti nelle capitali d'Europa: Parigi, Vienna, Praga… È un lavoro stressante, ma molto divertente.

Mi chiamo Giuliana. Sono pensionata e non lavoro più, ma sono sempre molto occupata. Ho sei nipoti! Abito a casa con mio marito e … sono studentessa – vado a lezioni di inglese

perché i miei nipoti abitano in Inghilterra!

Che lavoro fai? UNIT 3

LANGUAGE FOCUS

Regular verbs

Here's a review of the verbs we have seen so far, but this time with the plural as well:

		lavor**are** (*to work*)	prend**ere** (*to take*)	dorm**ire** (*to sleep*)
io	(*I*)	lavor**o**	prend**o**	dorm**o**
tu	(*you*)	lavor**i**	prend**i**	dorm**i**
lui/lei/Lei	(*he/she/you*)	lavor**a**	prend**e**	dorm**e**
noi	(*we*)	lavor**iamo**	prend**iamo**	dorm**iamo**
voi	(*you*)	lavor**ate**	prend**ete**	dorm**ite**
loro	(*they*)	lavor**ano**	prend**ono**	dorm**ono**

Irregular verbs

Unfortunately there are lots of verbs in Italian that don't follow the standard patterns. **Fare** is one example, as we saw earlier in this unit. We have also met **essere** (*to be*) and **avere** (*to have*). Here are the complete patterns of these three verbs:

	essere		**avere**		**fare**	
io	sono	*I am*	ho	*I have*	faccio	*I do*
tu	sei	*you are*	hai	*you have*	fai	*you do*
lui/lei	è	*he/she/it is*	ha	*he/she/it has*	fa	*he/she/it does*
Lei	è	*you have* (formal)	ha	*you have* (formal)	fa	*you do* (formal)
noi	siamo	*we are*	abbiamo	*we have*	facciamo	*we do*
voi	siete	*you are*	avete	*you have*	fate	*you do*
loro	sono	*they are*	hanno	*they have*	fanno	*they do*

G Can you write about Marco and Giulia? Put the correct plural forms of the verbs in the gaps.

1 Cosa ⬭⬭⬭⬭ Marco e Giulia? (fare)

2 ⬭⬭⬭⬭ studenti di diritto. (essere)

3 ⬭⬭⬭⬭ a Pisa? (abitare)

4 Sì, ma ⬭⬭⬭⬭ a Firenze. (studiare)

5 Quanti anni ⬭⬭⬭⬭ ? (avere)

6 Marco e Giulia ⬭⬭⬭⬭ ventitré anni. (avere)

Search for your ideal job. Our website provides links to Italian recruitment sites

4 Un nuovo lavoro

A Giovanni is surfing the internet and finds the website below. Decide what he can expect to do on it.

- find a job
- find a house
- find on-the-job training

Home Aziende PR Chi Siamo Contattaci Carriera con Noi Aiuto

Carriere senza confini su Internet

My jobpilot

Offerte di lavoro

Inserisci CV

Career Magazine

Formazione

Trova Lavoro .... go!

Le nostre aziende

Profili aziendali

Trova il lavoro della tua vita!
807 posizioni aperte in tutta Italia*

Trova Lavoro — Inserisci CV — Prima volta?

Stipendio giusto?
Pensi di guadagnare quanto meriti?

Dialogo e competenze
Per dialogare occorre sviluppare...

La pensione del futuro
La terza e ultima puntata...

Settori merceologici
ICT
I portali aziendali
La comunicazione tra...

ASSICURAZIONI/CREDITO
Banche e Basilea2

Aree funzionali
ENGINEERING
Product data management
Grazie al lavoro di un...

PR/MARKETING
L'art director

B Look at the web page again. Find the Italian for the following words and expressions:

1 vacancies
2 offer
3 career
4 job
5 salary
6 to earn
7 training

C 🎲 🔊 **Dove sono?** Hidden in the word search below are the names of nine occupations. Follow the clues and find them! The first one has been found.

1 The head of a company. direttore

2 She teaches children.

3 He delivers the post.

4 She works in a factory.

5 She works in a shop.

6 He is on the stage.

7 He works for a construction company.

8 She works in a dentist's practice.

9 He is a student.

S	T	U	D	E	N	T	E	A	S
D	I	R	E	T	T	O	R	E	D
G	K	O	R	V	R	L	P	I	E
S	M	E	M	H	L	G	X	L	N
I	N	E	A	T	T	O	R	E	T
I	N	G	E	G	N	E	R	E	I
U	P	O	S	T	I	N	O	H	S
S	A	H	T	T	A	O	Q	U	T
O	P	E	R	A	I	A	G	N	A
V	E	R	A	T	K	S	U	A	O
O	F	Y	Z	L	B	Q	N	M	A
Z	C	O	M	M	E	S	S	A	L

D 🎲 Now try and match the following sentences with the clues in activity C:

1 Lavora in un negozio di scarpe.

2 Lavora nello studio dentistico.

3 Insegna dei bambini.

4 Lavora in una ditta di costruzione.

5 Distribuisce le lettere in bicicletta.

6 Lavora in una fabbrica.

7 È il capo della ditta.

8 Studia all'università.

9 Lavora in teatro - è molto conosciuto.

5 Un'intervista alla radio

A Listen to this radio interview between Giovanni Pieri and Dr Lara Ferrari at the head office (**sede**) of a newspaper and pick out the words you hear:

> cultura e spettacoli   professoressa   colleghi   duecento
> giornale   indirizzo   numero di telefono   Toscana   Venezia

B Listen to the interview in activity A again and decide if the sentences below are true (**vero**) or false (**falso**).

		Vero	Falso
1	Dr Ferrari is a journalist.	⬭	⬭
2	She has worked on the newspaper for three years.	⬭	⬭
3	She works in Milan.	⬭	⬭
4	300 people work at the Milan office.	⬭	⬭
5	50 people work in her division.	⬭	⬭
6	The paper has a branch in Tuscany.	⬭	⬭

LANGUAGE FOCUS

The word for 100 is **cento**. Note that the ending doesn't change for 200, 300 etc., and also that *two hundred and fifty* etc. is written as one word in Italian.

100	**cento**
106	**centosei**
200	**duecento**
230	**duecentotrenta**
300	**trecento** etc.

The word for 1000 is **mille**, which becomes **mila** in the plural. Again, note that *one thousand six hundred and eighty-two* is written as one word.

1000	**mille**
1015	**mille(e)quindici**
1300	**milletrecento**
1682	**milleseicentottantadue**
1999	**millenovecentonovantanove**
2000	**duemila**

The year is written as one word and you need **i** before it: **2004 = il duemilaquattro**.
From 2001 to 2003 would be: **dal** duemiladue **a** duemilatre.

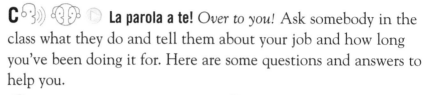

C 🔊 🎧 **La parola a te!** *Over to you!* Ask somebody in the class what they do and tell them about your job and how long you've been doing it for. Here are some questions and answers to help you.

(A) Che lavoro fai?

(B) Sono…/ Faccio il/lo/la/l'…

(C) Dove lavori?

(D) Lavoro alla/all'/allo……

(E) Da quanto tempo lavori lì?

(F) Lavoro lì da …. anni, dal 19__ al 20__.

D ✏️ Write a profile of each of the following people. The first one has been done for you. Guarda il glossario prima di fare l'esercizio.

1 Female taxi driver / Cardiff / one year.

È tassista. Lavora a Cardiff da un anno.

2 Actress / Edinburgh / since 1997.

3 Male film director / Venice / for eight years.

4 Female artist / New York / for two years.

5 Male photographer / Milan / since 1992.

LEARNING TIP:
Saying please

To ask where someone works you can say:

Dove lavori?
Where do you work?

Da quanto tempo?
For how long?

And to reply, you say **lavoro** + **da** + the time:

Lavoro qui da due anni.
I've been working here for two years.

Dal 1998   *Since 1998*

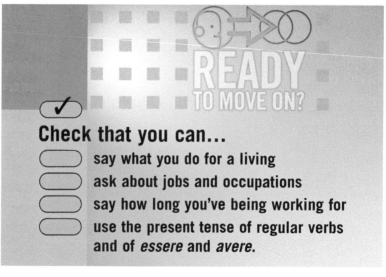

READY TO MOVE ON?

✓

Check that you can...
- say what you do for a living
- ask about jobs and occupations
- say how long you've being working for
- use the present tense of regular verbs and of *essere* and *avere*.

6 Che ore sono?

 LANGUAGE FOCUS

 The time: **l'ora** *hour*; **le ore** *hours*

To ask the time, you say: **Che ore sono?** or
                            Che ora è? (literally, *What hour is it?*)

To say the time, you use: **Sono + le +** the hour (but without the word **ore**):
                            Sono le nove. *It's nine o'clock.*
                            Sono le nove e dieci. *It's ten past nine.*
                            Sono le nove meno dieci. *It's ten to nine.*

However, you use the singular **è** for the following times:
                            È l'una. *It's one o'clock.* (**l'una** not **l'uno**)
                            È mezzogiorno. *It's midday.*
                            È mezzanotte. *It's midnight.*

Italians use the 24-hour clock for timetables, radio and TV programmes. In most other situations they use clock time. When the time is written in figures they use a colon (:) to separate the hours from the minutes: **22:10**, **19:45**. Here are some more times:

9.15 Le nove **e** quindici
or
Le nove **e** un quarto

9.30 Le nove **e** trenta
or
Le nove **e** mezzo

9.45 Le nove **e**
quarantacinque
or
Le dieci **meno**
un quarto

9.50 Le nove **e** cinquanta
or
Le dieci **meno** dieci

A   Listen to the times and number them in the order you hear them:

18:05      2:40   1:30

1:00   11:40   12:00

9:45   6:50

B Match up the times on the left with the words on the right.

1	6:45	sono le cinque
2	14:20	sono le sette e mezzo
3	5:00	è l'una e trenta
4	1:30	sono le quattordici e venti
5	12:15	sono le sei e quarantacinque
6	7:30	è mezzogiorno e un quarto

C On a piece of paper, jot down five different times using the 12-hour and 24-hour clock. Read them out in Italian to your partner who will write them down. Check answers and swap roles.

7 A che ora?

Here are three more useful verbs for talking about your daily routine. Note that **andare** and **uscire** are both irregular.

		andare (*to go*)	**uscire** (*to go out*)	**finire** (*to finish*)
io	(*I*)	vado	esco	finisco
tu	(*you*)	vai	esci	finisci
lui / lei / Lei	(*he/she/it*) (*you*) formal	va	esce	finisce
noi	(*we*)	andiamo	usciamo	finiamo
voi	(*you*)	andate	uscite	finite
loro	(*they*)	vanno	escono	finiscono

Vado a means *I go to*, or *I'm going to*. It can be followed by a preposition + noun (**vado al lavoro**) or by **a** + a verb in the infinitive: **Vado a lavorare**. *I go to work.*

Finire is an **-ire** verb which works in a slightly different way to **dormire**. There are two other common verbs like **finire**: **preferire** (*to prefer*) and **capire** (*to understand*).

LEARNING TIP:

'At' is **a**: To ask 'at what time' you say:

A che ora?   *At what time?*

And the reply is **Alle…**:

Comincia alle sette
He starts at 7 o'clock

Finisce alle due
He finishes a 2 o'clock

Lavora dalle dieci alle due
He works from 7 till 2

Che lavoro fai? UNIT 3

A Can you match the words below with these daily activities?

> **uscire dall'ufficio**   **pranzare**   **andare a lavorare**
> **fare sport**   **andare a dormire**   **lavorare**

B Listen and say how signor Villa organises his working day:

1	L'ingegner Villa va a lavorare ...	**a**	12:00
2	Comincia il suo lavoro ...	**b**	1:00
3	Pranza in un bar ...	**c**	8:30
4	Finisce il suo lavoro ...	**d**	9:00
5	Fa sport ...	**e**	5:00
6	Torna a casa ...	**f**	6:00
7	Va a dormire ...	**g**	7:30

C **A che ora vai a lavorare?** Ask your partner about his / her daily routine and then swap roles.

D  Write profiles of these people using the information provided. The first has been done for you:

1 La signora Barbieri / florist / Rome / 5:00 to 17:30.

La signora Barbieri fa la fiorista a Roma. Lavora dalle cinque alle diciasette e trenta.

2 Il dottor Francesco Lusuardi / doctor / Florence / dalle 8:30 alle 18:30.

3 Il signor De Pietri / worker / Turin / dalle 7 alle 16:00.

4 La signora Lotti / shop assistant / centre / dalle 9 alle 17.

GLOSSARY

Nouns

agenzia di viaggi	travel agency
anno	year
artista (m/f)	artist
attore/attrice (m/f)	actor/actress
avvocato	lawyer
bambini (mpl)	young children
calciatore (m)	footballer
collega (m/f)	colleague
commesso/a	shop assistant
dentista (m/f)	dentist
ditta	company
farmacista (m/f)	pharmacist
fiorista (m/f)	florist
fisioterapista (m/f)	physiotherapist
fotografo/a	photographer
giornalista (m/f)	journalist
giornale (m)	newspaper

guida turistica (m/f)	tourist guide
ingegnere (m/f)	engineer
insegnante (m/f)	teacher
lavoro	job
marito	husband
medico	doctor
moglie (f)	wife
nipote (m/f)	grandchild, nephew/niece
ora	time, hour
pensionato/a	pensioner
postino/a	postman
psicologo/a	psychologist
ragioniere/a	accountant
regista (m/f)	film director
scuola	school
studente/essa (m/f)	student
tassista (m/f)	taxi driver

Che lavoro fai? UNIT 3

GLOSSARY

Adjectives

amato/a	beloved
celebre	famous
divertente	amusing, enjoyable
interessante	interesting
occupato/a	busy
privato/a	private
storico/a	historic
stressante	stressful

Verbs

abitare	to live
accompagnare	to accompany
andare	to go
cominciare	to begin
dormire	to sleep
fare	to do
finire	to finish
lavorare	to work
parlare	to speak

pranzare	to have lunch
uscire	to go out

Phrases

a casa	at home
e mezzo/e mezza	half past
e un quarto	quarter past
in auto	by car
in centro	in the city centre

Expressions

Che lavoro fai?	What (job) do you do?
Da quanto tempo?	Since when?
Lavoro da due anni	I've been working for two years
Quanti siete?	How many are you?
Che ora è?	What's the time?
Che ore sono?	What's the time?
Sono le due	It's two o'clock
Alle due	At two o'clock

LOOKING FORWARD

In **Unit 4** we will take a look at your family and at your daily routine and hobbies. Meanwhile, look at the words listed below. Can you guess what they are? Are your hobbies listed? Look up any hobbies you can't guess in your dictionary, and your own if they're not listed.

ascoltare la musica ☺ **guardare la televisione** ☺ **fare giardinaggio** ☺ **fare sport** ☺ **leggere** ☺ **fare shopping** ☺ **dormire** ☺ **andare in bicicletta** ☺ **ballare** ☺ **fare bricolage** ☺ **cucinare** ☺ **ballare**

UNIT 4
Cosa fai nel tempo libero?

UNIT 4
Cosa fai nel tempo libero?

1 Ti ricordi ancora?

A Che ore sono? Listen and check your answers.

a  b 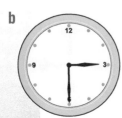 c 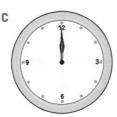 d 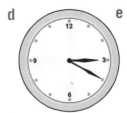 e

10:50 AM

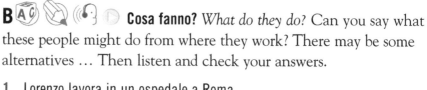

B **Cosa fanno?** *What do they do?* Can you say what these people might do from where they work? There may be some alternatives ... Then listen and check your answers.

1   Lorenzo lavora in un ospedale a Roma.

2   Marta lavora in un negozio nel centro di Bologna.

3   Beatrice lavora per la RAI. Presenta le notizie.

4   Alberto lavora per l'università di Perugia.

5   Giovanni lavora per la Procura della Repubblica.
    (*Public Prosecutor's Office*)

6   Mauro Reggiani lavora in banca.

C Ask your partner:

1   What his/her job is.

2   How long he/she has been there.

3   What time he/she goes to work in the morning.

4   What time he/she finishes work in the evening.

2 La mia famiglia

A Marcello is talking to Barbara about his family. Look at the list of family members below, then tick the ones you hear.

madre	padre	fratello	sorella	figlio	figlia
nonno	nonna	moglie	marito		

B Listen again to the dialogue in activity A and try to work out the relationship of these people to Marcello. The family tree will help you.

LEARNING TIP:
Be careful! **i genitori** are *parents* and **i parenti** are *relatives*.

Madre and **padre** are the formal words for *mother* and *father*. Informally, you can just say **mamma e papà**. Don't forget to write the accent on the last letter of **papà** and to stress it accordingly; if you don't do this, you'll be talking about the Pope (**il Papa**)!

LANGUAGE FOCUS

Possessives

In Italian the possessive adjective (*my, your, his,* etc.) has to match the gender and number of the person or thing being possessed rather than the possessor. This means there are singular and plural forms, as well as masculine and feminine. Here are the singular forms:

	libro (m) (*book*)	**macchina** (f) (*car*)
my	**il mio**	**la mia**
your	**il tuo**	**la tua**
his/her/its	**il suo**	**la sua**

Possessive adjectives are nearly always preceded by the definite article, in the singular by **il** or **la**. There is one exception to this rule: if you're talking about a singular member of the family you don't use the article, you just say: **mio marito**, **sua sorella**.

For more on possessives, see page 176.

Cosa fai nel tempo libero? **4**

C What is the Italian for the following?

1 My cappuccino
2 Your glass
3 Her sister
4 His restaurant
5 My mother
6 Her son
7 Your wife
8 My grandmother

D Look at Marcello's family tree again. Can you complete the following sentences?

1 ( ) mamma si chiama ( ).

2 Franca è ( ) nonna.

3 Giuseppe è il ( ) di Franca.

4 Eleonora è la ( ) di Giuseppe e Franca.

5 Adele è la madre di ( ).

6 Il padre di ( ) si chiama Giorgio.

7 Silvia è la sorella gemella di ( ).

LEARNING TIP:
Plurals of nouns

Remember that nouns have different endings in the plural. Look at the following:

un fratello	one brother
due fratelli	two brothers
una sorella	one sister
due sorelle	two sisters

The ending **-o** changes to **-i** and **-a** changes to **-e**. (There is more on this in Unit 5.)

E Now read the conversation you heard in activity A and answer the questions:

Barbara: Marcello, come si chiama tua madre?

Marcello: Eleonora. E la tua?

Barbara: Liliana, ma tutti la chiamano Lilli. Hai fratelli o sorelle, Marcello?

Marcello: Non ho un fratello ma ho due sorelle. Sono gemelle, sai? E tu, Barbara?

Barbara: Non ho né fratelli né sorelle. Quanti anni hanno le tue sorelle, Marcello?

Marcello: Diciannove. Una sorella, Silvia, studia medicina a Padova e vive con la nonna Franca. Proprio domani vado a Padova per tre giorni. Non vedo l'ora!

1 Does Barbara have any brothers or sisters?

2 How old are Marcello's sisters?

3 Where is Silvia studying?

F 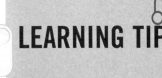 Draw your family tree along the lines of the one in activity 2B. Then without showing it to your partner, explain it to him or her in Italian. Your partner's task will be to draw it too. Then swap roles.

The following phrases will help you:

(**A**) Ho un fratello, due sorelle.

(**B**) Mio /mia ... si chiama ...

(**C**) Non ho fratelli / sorelle.

LEARNING TIP:

Negatives

Making things negative is very easy in Italian. You just put **non** before the verb:

Non ho figli.
I haven't got children.

To say *neither... nor* you use a double negative:

non with **né ... né**

Non ho né fratelli né sorelle.
I haven't got brothers or sisters.

3 Che cosa fai lunedì?

A Look at the pictures.
Can you match them with the words below?

> andare a nuotare   leggere   fare shopping
> guardare la televisione   fare giardinaggio
> ascoltare la musica   andare in discoteca

LANGUAGE FOCUS

🎧 Days of the week (la settimana)

lunedì	giovedì	
Monday	*Thursday*	
martedì	venerdì	
Tuesday	*Friday*	
mercoledì	sabato	domenica
Wednesday	*Saturday*	*Sunday*

All the days of the week are masculine except for Sunday. They are not written with an initial capital letter.

Il lunedì means 'on Mondays', but **lunedì** means ' next Monday':

Il lunedì vado sempre a nuotare … *On Mondays I always go swimming …*

… ma **lunedì** non posso perché vado dal dentista. … *but next Monday I can't because I'm going to the dentist.*

B 🖊 ▶ Can you say what Marcello might do on different days of the week?

1 Il lunedì Marcello ⬭⬭⬭ in piscina.

2 Il martedì ⬭⬭⬭ la televisione.

3 Il mercoledì ⬭⬭⬭ giardinaggio.

4 Il giovedì ⬭⬭⬭ sempre il giornale.

5 Il venerdì ⬭⬭⬭ la musica alla radio.

6 Il sabato ⬭⬭⬭ shopping.

7 La domenica ⬭⬭⬭ un museo.

C 🎧 ▶ **Hai voglia di andare al cinema?** *Do you want to go to the cinema?*

Listen to the phone conversation between Michele and Marta and see if you can follow it by picking out the following words:

questa sera	**martedì**	**non posso**
ho capito	**mercoledì**	**La Scala**

LEARNING TIP:

There are lots of ways of giving invitations in Italian. Here's one of them:

Hai voglia di andare al cinema?
(*literally, Do you have a wish to go to the cinema?*)

To answer you can say:

Mi dispiace, non posso.
I'm sorry, I can't.

or:

Che bello! Sì, certo.
Great! Yes, of course.

D Listen to the conversation again and answer the following questions:

1 Che cosa fa Marta?

    a   la dottoressa

    b   la studentessa

    c   la commessa

2 Che cosa fa Marta stasera?

    a   va a nuotare

    b   va a camminare

    c   studia per un esame

3 Che cosa fanno insieme Marta e Michele?

    a   vanno al ristorante

    b   vanno al cinema

    c   vanno alla Scala

4 A che ora si incontrano mercoledì?

    a   alle otto

    b   alle diciassette

    c   alle sette

Want to know more about La Scala? Start with the links on our website

E Plan your week. What would you do each evening? Choose your activities from the list and jot them in your diary for each day. Check the verb patterns on page 51.

prendere un aperitivo   andare al cinema
guardare la televisione   leggere   fare shopping
fare jogging   ascoltare musica   andare al ristorante
andare in discoteca   uscire con amici   nuotare
giocare a tennis   andare in palestra

F Now ask your partner what he/she is doing on a particular day this week and your partner will tell you what's in his/her diary. Then swap roles. Use these phrases:

A Che cosa fai lunedì ?

B Vado a ...

UNIT **4**

4 Il sabato mi alzo tardi

A What do these people usually to do on a Saturday? With the help of the pictures below write a sentence for each couple, choosing the verbs you need from the box in activity 3E.

1 Matteo e Francesca vanno a prendere un aperitivo.

2 Christofer e Jordie

3 Giovanna e Federica

4 Davide e Mara

5 Stefano e Elisa

LANGUAGE FOCUS

Reflexive verbs

These are verbs for actions that reflect back to the subject. They carry the Italian equivalent of words like 'myself', 'yourself', even though in English you often don't need them: (**io**) **mi lavo** *I wash* literally means *I wash* (**lavo**) *myself* (**mi**). These verbs are easy to recognise, as the infinitive always ends with **-si** (*oneself*), as in **lavarsi**. They are just like regular verbs, but you have to put the reflexive pronoun (**mi**, **ti**, **si** for the singular, **ci**, **vi**, **si** for the plural) in front:

lavarsi (*to wash*)	**perdersi** (*to get lost*)	**vestirsi** (*to get dressed*)
mi lavo	mi perdo	mi vesto
ti lavi	ti perdi	ti vesti
si lava	si perde	si veste
ci laviamo	ci perdiamo	ci vestiamo
vi lavate	vi perdete	vi vestite
si lavano	si perdono	si vestono

B Can you match these Italian words with their English translations? The clue is the reflexive pronoun.

1	si chiama	a	you rest
2	mi sveglio	b	they go to sleep
3	si addormentano	c	she's called
4	ti riposi	d	I wake up
5	si vestono	e	we get angry
6	ci arrabbiamo	f	they get dressed

C Cosa fa il sabato il signor Montanari?
Listen and fill in the gaps from the verbs in the box:

> mi addormento   mi alzo   (x 2)
> mi arrabbio   mi sveglio
> mi riposo

Il fine settimana ...

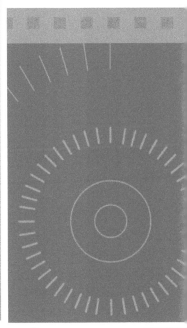

Durante la settimana ⬭ alle 6.30 e ⬭ alle 6.40. Lavoro tutto il giorno. Ecco perché il sabato e la domenica amo stare in casa, dormire fino a tardi. ⬭ davvero. Dormo anche di pomeriggio… beh, vorrei dormire di pomeriggio. Invece di solito mi arrabbio. ⬭ perché io vorrei dormire e invece i miei vicini amano la musica molto alta e appena ⬭, ecco… loro iniziano ad ascoltare qualche canzone pop ad alto volume… e così ⬭ e esco per una passeggiata con il mio cane.

D In pairs, read through activity C and answer the questions below:

1   A che ora si alza il signor Montanari dal lunedì al venerdì?

2   Il signor Montanari dorme di solito il sabato e la domenica pomeriggio?

3   Che tipo di musica ascoltano i vicini del signor Montanari?

E Look for the reflexive verbs in the passage and put them into the **ci** (*we*) form:

1   Mi sveglio

2

3

4

5

6

F Listen to activity C again and in particular check if you can pronounce the following words correctly:

1   ecco

2   perché

3   beh

4   vicini

5   ascoltano

6   qualche

7   canzone

8   cane

5 Vai spesso al cinema?

A How often you do the following? Check the glossary at the end of the unit for any words you don't know.

viaggiare in aereo	sempre
fare la spesa	spesso
presentare reclami	qualche volta
arrabbiarsi	ogni tanto
andare fuori a cena	quasi mai
imparare una cosa nuova	ogni giorno
visitare un museo	ogni settimana

B **Ogni quanto fai la spesa?** Now interview your partner in Italian and find out how often he/she does the things in activity A.

C **Trova qualcuno che** … Go around the class and find someone who …

1 goes swimming every week
2 goes to the cinema often
3 almost never goes to a restaurant
4 eats meat every day
5 reads a book every now and then
6 is always hungry

Check that you can...

- remember the days of the week
- say what you do in your free time
- understand and use reflexive verbs
- say how often you do things.

6 Ti piace la musica?

A See if you can understand the following conversation:

A Ti piace la musica classica?

B No, non mi piace la musica classica, ma mi piace molto la musica pop.

LANGUAGE FOCUS

Likes and dislikes

To say you like something you use the verb **piacere**, which literally means 'to please'.

Mi piace	*I like* (literally, *It pleases me*)
Ti piace	*You like*
Gli/Le piace	*He/She likes*

To ask *Do you like...?*, you can say:

Ti piace ... ? or **Le piace...?** (formal)
You can reply: **Sì, mi piace** *Yes, I like it* or
No, non mi piace *No, I don't like it.*

Mi piace or **Non mi piace** can be followed by a noun or a verb:
Mi piace **la pizza**.
Mi piace **viaggiare**.

If what you like is a plural noun, or there's more than one thing that you like, then you use the plural form and say **mi piacciono**:
Mi piacciono i funghi.
Mi piacciono il gelato e la pizza.

You can also give further details: **molto** *very much*; **poco** *a little*; **per nulla** *not at all*:
Mi piace **molto**. *I like it a lot.*
Mi piace **poco**. *I don't like it very much.*

Unlike English, in Italian you often use double negatives:
Non mi piace **per nulla**. *I don't like it at all.*

For more activities on piacere, go to our website
www.accesslanguages.com

B Insert **piace** or **piacciono** as appropriate:

1 Mi ( ) i libri gialli. (detective stories)

2 Mi ( ) poco cucinare.

3 Ti ( ) le città austriache?

4 Ti ( ) andare al cinema?

5 Mi ( ) molto studiare la letteratura.

C Put the following parts of sentences in order:

1 (NON) (PIACE) (TÈ) (IL) (MI)

2 (NON) (PIACE) (MI) (ANDARE AL CINEMA) (PER NULLA)

3 (NON) (PERCHÉ) (TI) (LA PIZZA) (PIACE?)

4 (PIACE) (NON) (TI) (LA MUSICA?)

5 (IL TEATRO) (MOLTO) (PIACE) (MI)

D Look up in a dictionary the Italian names of four activities or sports – two that you like and two that you don't like. Write them on a piece of paper and pass it to your partner. Your partner now asks you if you like one of the activities and you say whether you like it or not. Then swap roles.

Per esempio:

(A) Ti piace fare immersioni subacquee? (scuba diving)

(B) Sì, mi piace molto.

(A) Ti piace fare alpinismo? (rock climbing)

(B) Non, non mi piace per nulla.

LEARNING TIP:

The **non** in Italian is normally put immediately before the verb, whereas the position of the other components in the sentence is relatively more flexible:

La musica non mi piace.

Non mi piace la musica.

Anche means *too*, *as well*.

If you want to say you like something too, you say **Anche a me**:

Ti piace la musica di Mozart?

Sì, mi piace moltissimo.

Anche a me (piace)!

Ti piacciono le telenovele? (*soap operas*)

Sì, moltissimo. E a te piacciono?

Sì, piacciono anche a me.

Cosa fai nel tempo libero? **4**

7 Il tempo libero

A In pairs, read the following texts and find out how some famous Italians spend their spare time.

Jovanotti

Ciao. Mi chiamo Lorenzo Cherubini, ma il mio nome d'arte è Jovanotti. Il mio hobby è il mio lavoro e cioè la musica. La mattina mi sveglio e comincio subito a lavorare: accendo la radio. Ascolto la musica e le notizie mentre faccio colazione. Poi accompagno mia figlia all'asilo e in macchina cantiamo una canzone. Comincio a scrivere sempre prima la musica e poi scrivo il testo. Le mie canzoni sono tutte un po' politiche, sono contro la globalizzazione e per la libertà di pensiero.

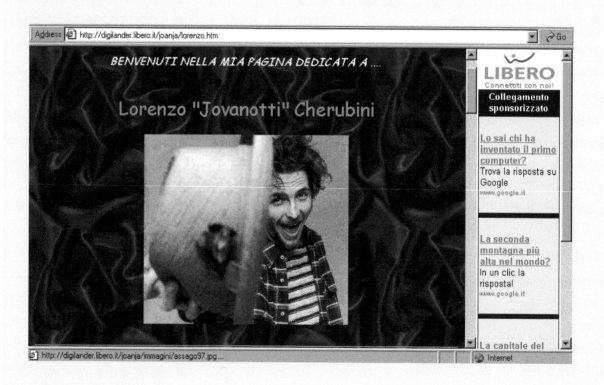

Renzo Piano Renzo Piano

Mi chiamo Renzo Piano e nella mia famiglia c'è un altro architetto: mio padre. La mia città natale è Genova, che è sul mare. L'acqua è un elemento importante nel mio lavoro e nel mio tempo libero. Molti miei progetti si ispirano all'acqua, come Potsdamer Platz a Berlino. Nel tempo libero mi piace andare in barca a vela e naturalmente ho una barca nel porto di Genova.

Miuccia Prada Miuccia Prada

Il mio hobby è comprare abiti vecchi e usati. A casa ho migliaia di abiti che ho comprato in tutto il mondo. La mia ispirazione comincia da lì. Mi piacciono anche le borse e le scarpe. È una passione di famiglia, perché anche mio nonno ha fatto questo lavoro prima di me. Mi piace anche chiudere la porta della mia stanza nella casa di Milano e ascoltare la musica che amo.

VIVA VOCE: incontro con Miuccia Prada

"**Viva Voce**" ha ospitato oggi un personaggio d'eccezione: **Miuccia Prada**, proprietaria di uno dei marchi più prestigiosi della moda. Prada ha affrontato diverse tematiche rispondendo alle telefonate degli ascoltatori: la storia e le future strategie dell'azienda toscana ma anche il suo impegno per l'arte e per la cultura, grazie all'attività della Fondazione Prada.

 La trasmissione Viva Voce
del 29 Agusto

 Scarica il file audio
suggerimenti per il download

Cosa fai nel tempo libero? UNIT 4

B 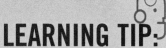 Now decide if the statements below are **vero** or **falso**:

	Vero	Falso
1 Jovanotti è musicista.		
2 Jovanotti scrive canzoni d'amore.		
3 Renzo Piano è nato a Berlino.		
4 A Renzo Piano piace il mare.		
5 L'hobby di Miuccia Prada è portare scarpe vecchie.		
6 A Miuccia Prada piace anche ascoltare la musica.		

LEARNING TIP:

Renzo Piano, born in Genoa in 1937, is one of the world's finest architects. Among his achievements are the Pompidou Centre in Paris (1977), the Potsdamer Platz, Berlin (1992-1998), and the Pinacoteca Giovanni e Marella Agnelli in 2002. He recently designed the London Bridge Tower. In 1998 he was awarded the prestigious Pritzker Prize for Architecture.

GLOSSARY

Nouns

asilo	nursery school
barca a vela	sailing boat
borsa	bag
cane (m)	dog
canzone (f)	song
casa	house
figlio/a	son/daughter
fratello	brother
gemello	twin brother
genitori (mpl)	parents
letteratura	literature
madre (f)	mother
mamma	mum
mare (m)	sea
marito	husband
moglie (f)	wife
musicista	musician
nonno/a	grandfather/ grandmother
notizie (fpl)	news
ospedale (m)	hospital
padre	father
palestra	gym
papà	dad
passeggiata	walk
piscina	swimming pool
radio (f)	radio
scarpa	shoe
sorella	sister
stato	country
televisione (f)	television
tempo	time/weather
testo	text

Adjectives

altro/a	other
libero/a	free
mio/a	my
tuo/a	your
suo/a	his/her
usato/a	second-hand
vecchio/a	old

Verbs

alzarsi	to get up
amare	to love
addormentarsi	to get to sleep
arrabbiarsi	to get upset, angry
ascoltare	to listen to
andare	to go
ballare	to dance
camminare	to walk
capire	to understand
comprare	to buy
dormire	to sleep
imparare	to learn
incontrarsi	to meet up
iniziare	to begin
lavarsi	to wash (oneself)
leggere	to read
nuotare	to swim
perdersi	to get lost
piacere	to like (lit: to please)

Cosa fai nel tempo libero?

4

GLOSSARY

potere	can, to be able to
sentire	to listen to, to hear
svegliarsi	to wake up
venire	to come
vestirsi	to get dressed
viaggiare	to travel
visitare	to visit

Others

insieme	together
mai	never
molto	much
ogni tanto	every now and then
per nulla	not at all
poco	a little, not very much
qualche volta	sometimes
quasi mai	almost never
raramente	rarely
sempre	always
spesso	often

Phrases

andare fuori a cena	to go out for dinner
andare in vacanza	to go on holiday
fare jogging	to go jogging
fare la spesa, shopping	to do the shopping
i libri gialli	detective novels
mettere in ordine	to tidy up
presentare reclami	to make complaints
stasera	tonight

Expressions

Fino a tardi	Till late
Ogni quanto?	How often?
Pronto?	Hello (on phone)
Mi dispiace, non posso	I'm sorry, I can't …
Ho capito	I see, I understand
Non vedo l'ora	I look forward to (it)
Volevo chiederti	I wanted to ask you

 # LOOKING FORWARD

In **Unit 5** we'll be talking about the place where you live and describing your house. Which room is your favourite: **la camera da letto** – the bedroom? Or **il soggiorno** – the living-room?

Before we start, look up the following words in your dictionary:

**cucina   ingresso   terrazzo   giardino   palazzo villa
appartamento   monolocale   bifamiliare   villetta a schiera**

UNIT 5
Casa dolce casa

UNIT 5
Casa dolce casa

> **By the end of this unit you will be able to:**
> - Use adjectives to describe people and things
> - Talk about the place where you live
> - Describe your home and what's in it
> - Understand and say where things are

1 Ti ricordi ancora?

A Fill in the gaps with the correct forms of the verbs.

1   Marco e Giusi ⬭ a tennis ogni sabato. (giocare)

2   (Noi) ⬭ un film nuovo ogni mese. (vedere)

3   (Voi) ⬭ a mangiare una pizza con noi sabato? (venire)

4   Il lunedì Alberto e sua sorella ⬭ sempre a lezione di pianoforte. (andare)

5   (Noi) ⬭ lunedì prossimo. (incontrarsi)

6   Loro ⬭ sempre alle otto, noi ⬭ dopo. (alzarsi)

Now listen and check your answers.

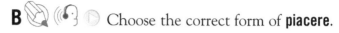

B Choose the correct form of **piacere**.

1 Mi piace / piacciono molto gli gnocchi al pomodoro.

2 Ti piace / piacciono i film di Nanni Moretti?

3 Mi piace / piacciono andare in vacanza in Italia.

4 Non mi piace / piacciono per niente lo spumante.

5 Ti piace / piacciono l'italiano?

6 Non mi piace / piacciono le persone sempre in ritardo.

C Che cosa vuol dire? What does it mean?

1 mai	4 qualche volta	7 sempre
2 raramente	5 ogni lunedì	
3 ogni tanto	6 spesso	

D **Che cosa fai il sabato?** Discuss with a partner what you do on a Saturday using at least three adverbs of frequency from the list above.

(A) Il sabato **non** vado **mai** in piscina.

(B) Il sabato vado **spesso** a fare spese.

E Complete these sentences with the definite article where necessary:

1 ⬭ mio fratello fa ⬭ ingegnere.

2 ⬭ mia ragazza studia a Londra.

3 Preferisco ⬭ insalata perché è più leggera.

4 ⬭ birra è buona fredda.

5 ⬭ nonno di Alfredo ha ⬭ 75 anni.

6 ⬭ professor Malchiodi insegna all'Università di Milano.

7 ⬭ Gran Bretagna è un'isola.

LEARNING TIP:

As we saw in the previous unit, you don't always have to use definite articles. As a rule you need them with continents, countries, regions, seas and rivers but not with cities and towns. **L'Europa** but **Milano**, **il Tamigi** (*the Thames*) but **Bologna è vicino a Ferrara** (*Bologna is near Ferrara*).

You also use them with titles – **il signor Bertelli**, **il professor Augusti** – but never when you speak directly to a person. **Buongiorno signor Bertelli!**

2 A casa di Francesca

A Can you make these singular words plural with their correct definite articles? Look up any words you don't know in the glossary.

1	il palazzo	6	la cucina
2	la casa	7	l'orologio
3	il balcone	8	il letto
4	l'appartamento	9	lo specchio
5	la terrazza	10	la famiglia

B Ascolta la descrizione della casa di Francesca. Which rooms (**stanze**) are mentioned? Pick out the ones you hear:

> bagno   sala da pranzo   ingresso   corridoio
> cantina   soggiorno   terrazza   camera da letto
> lavanderia   cucina   salone

LANGUAGE FOCUS

Plurals of nouns and articles

To make a noun plural, you change both the article and the ending of the noun.

il → i	il libro	i libri
lo → gli	lo studente	gli studenti
l' → gli	l'amico (m.)	gli amici
l' → le	l'amica (f.)	le amiche
la → le	la stanza	le stanze (*rooms*)

In many cases articles and nouns have the same endings. **i** libr**i** (m.); **le** stanz**e** (f.)

Be careful! All nouns ending in **-e** (i.e. both masculine and feminine) change **-e** into **-i** in the plural

e → i   padre → padri, madre → madri

Casa dolce casa   **5**

LEARNING TIP:

Here's some vocabulary you
might find useful when
describing where things are:

a destra	on the right
a sinistra	on the left
in fondo a	at the end of
davanti a	in front of
di fronte a	opposite
accanto a	next to
intorno a	around
tra/fra	between

Both **tra** and **fra** have exactly
the same meaning (between,
among). So, when to use
which? It's just a matter of
how it sounds. Which of the
following expressions do you
think sounds better in Italian?

• Tra tre fratelli
• Fra tre fratelli

Italians would definitely go for
the second one, **fra tre
fratelli**, as it's much easier to
say: a sequence of words
starting with **tr** is very hard
to pronounce!

To back this up, here's a well
known **scioglilingua**
(*tongue-twister*):

'Trentatré trentini entrarono
trotterellando a Trento, tutti e
trentatré trotterellando.'

C ((🎧 🎧)) 🖥 Ascolta ancora la descrizione di Francesca e
guarda la piantina dell'appartamento. Ogni stanza ha un numero.
Can you say which room is which?

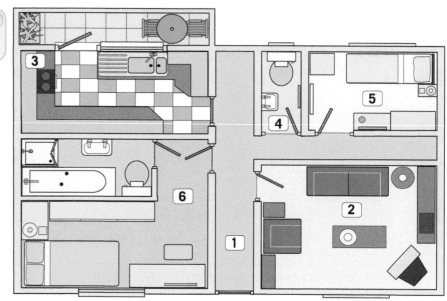

D [A C] 🖊 🖥 Descrivi dove si trovano le stanze.

1 Il soggiorno si trova (_____) .

2 La cucina si trova (_____) .

3 Il piccolo bagno si trova (_____) .

4 Una piccola camera da letto per un ospite (guest room) si trova
(_____) .

5 La sua camera da letto si trova (_____) .

E ((🎧)) 🖊 🖥 Ascolta ancora la descrizione di Francesca e poi complete il
dialogo con la parola corretta. Be careful with the endings!

> **nuovo/a** **bellissimo/a** **piccolo/a** **semplice** **grande**
> **luminoso/a** **pieno/a** **mio/mia** **secondo/a** **preferito/a**
> **piccolo/a** **accogliente** **mio/a** **nuovo/a** **silenzioso/a**
> **piccolo/a** **secondario/a** **tranquillo/a** **illuminato/a**

Agreement of adjectives

Adjectives have to agree with the nouns they refer to. In other words, they have to be the same gender (masculine or feminine) and number (singular or plural).

	singular	*plural*
Masc.	l'appartament**o** piccol**o**	gli appartament**i** piccol**i**
Fem.	la terraz**za** piccol**a**	le terraz**ze** piccol**e**

What happens to adjectives ending in **-e**: e.g. **grande**, **facile**, **giapponese**, **semplice**? Easy! The **-e** is kept for both masculine or feminine nouns in the singular, but it changes to **-i** in the plural.

	Singular	*Plural*
Masc.	l'appartament**o** grand**e**	gli appartament**i** grand**i**
Fem.	la terraz**za** grand**e**	le terraz**ze** grand**i**

Descriptive adjectives tend to follow the noun, but many can go in front and there are no hard and fast rules.

Marcello: Allora Francesca, com' è la tua ⟨_____⟩ casa?

Francesca: È un appartamento ⟨_____⟩ con una ⟨_____⟩ terrazza sui tetti di Milano. È molto ⟨_____⟩. C' è un ingresso e subito a destra il soggiorno, una ⟨_____⟩ stanza con una ⟨_____⟩ finestra. È la mia stanza preferita: alla sera mi piace chiacchierare e guardare la televisione con i miei amici.

Marcello: E dov'è la cucina?

Francesca: In fondo al corridoio c' è la cucina, non molto ⟨_____⟩ ma ⟨_____⟩ che dà sulla terrazza ⟨_____⟩ di fiori che è la ⟨_____⟩ ⟨_____⟩ stanza ⟨_____⟩: non mi piace tanto cucinare, preferisco bere un bicchiere di vino sulla terrazza.

Marcello: E la tua camera da letto?

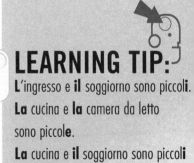

LEARNING TIP:
L'ingresso e **il** soggiorno sono piccol**i**.
La cucina e **la** camera da letto sono piccol**e**.
La cucina e **il** soggiorno sono piccol**i**

Francesca: Prima della cucina a destra c' è un altro corridoio con un ⬭ bagno e in fondo una camera da letto ⬭, che posso usare come studio o per un ospite, mentre a sinistra ci sono la ⬭ camera da letto con una bella vista sui giardini sotto casa e il ⬭ bagno.

Marcello: Che cosa preferisci della tua ⬭ casa?

Francesca: Non è una casa molto ⬭, ma è ⬭ e ⬭. La ⬭ terrazza dà su una strada ⬭, molto ⬭. Di giorno si sentono i bambini che giocano nei giardini e di sera vedo la città tutta ⬭ .

F  Usa gli aggettivi nell'attività D per descrivere due stanze della tua casa. Use the adjectives in activity D to describe two rooms in your house.
Per esempio:

A La mia cucina è piccola e luminosa.

B La mia camera da letto è molto grande, ma è un po' buia (*dark*).

READY TO MOVE ON?

✓
Check that you can...
- ⬭ use the plurals of nouns and articles
- ⬭ understand simple location words
- ⬭ use adjectives correctly.

3 Una nuova casa

A 🎲 📄 Match the descriptions with the pictures. Check any words you don't know in the glossary.

LEARNING TIP:

1st	1°	primo
2nd	2°	secondo
3rd	3°	terzo
4th	4°	quarto
5th	5°	quinto
6th	6°	sesto
7th	7°	settimo
8th	8°	ottavo
9th	9°	nono
10th	10°	decimo

From 11th onwards you just add the ending **–esimo**: **undicesimo**, **dodicesimo**, **trentesimo**, **centesimo** etc. When writing the figure, you insert a little circle above the line.

1

Affitto appartamento zona Navigli, 2 camere da letto, bagno, cucina, piccolo soggiorno, 4° piano senza ascensore. Ideale per studenti. € 700 al mese. Telefonare dopo le 21.00 allo 02/77979803.

a

2

Vendesi monolocale arredato, zona Stazione Centrale, ingresso, camera con angolo cottura, bagno con doccia. Libero da subito. No agenzia. Solo privati. Telefonare allo 02/75530376 e chiedere di Marco.

b

Viale Umbria

c

3

Viale Umbria vendo appartamento in palazzo d'epoca. Lussuoso. Ingresso, salone, cucina, sala da pranzo, 2 bagni, 3 camere da letto, grande terrazza e cantina. Garage. Rivolgersi a Agenzia Immobiliare Rossini rossini@immobiliare.it o 02/5363557.

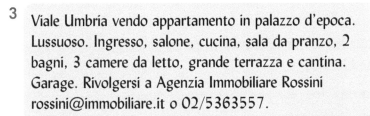

Casa dolce casa **UNIT 5**

You'll find additional practice to help you wi
holiday accommodation on our website. O
website also has links to Italian holid
websites featuring Rusti

LANGUAGE FOCUS

When describing a place you need adjectives to give an idea of what it looks like, and you also need to be able to say what's in it.

C'è	*There is ….*	**C'è** una tavola grande.	*There's a big table.*
Ci sono	*There are …*	**Ci sono** cinque sedie.	*There are five chairs.*

C'è and **ci sono** can also be used as questions:

C'è il riscaldamento centrale?	*Is there central heating?*
Ci sono gli elettrodomestici?	*Are there any domestic appliances?*

B **Vero o falso?** Discuti con un compagno.

		Vero	Falso
1	L'appartamento sui Navigli è in vendita per € 700.	⬭	⬭
2	L'appartamento sui Navigli non è adatto a persone anziane.	⬭	⬭
3	L'appartamento vicino alla Stazione Centrale è di tre stanze.	⬭	⬭
4	Il monolocale è abitabile da subito.	⬭	⬭
5	C' è un appartamento abitabile da una famiglia di 5 persone.	⬭	⬭
6	Non c' è nessun appartamento con garage.	⬭	⬭

C **Tocca a te!** *Your turn!* Descrivi al tuo compagno la tua casa. Comincia con:

- C'è un ingresso,
- A destra c'è/ci sono
- A sinistra c'è/ci sono
- Al primo piano

D  **Cercasi rustico**... Mr and Mrs Martini are looking for a **rustico** in the area around Perugia. They want a really old house, built of stone – **di pietra**, in the countryside and with views of the hills – **le colline.** The maximum size would be about 350msq, and they don't want to pay more than half a million euros. Below is the **rustico** the agent has found for the couple. Can you decide whether the house meets their criteria? **Perché?** Why?

Check that you can...

- describe your home
- understand the language of property advertisements.

5

4 Sul balcone

A Listen to the following dialogue, fill in the gaps and then decide if the balcony below belongs to Adele or Stefania.

Adele: Il tuo ⟨＿＿＿＿＿⟩ è grande?

Stefania: Beh, non particolarmente, in realtà. E il tuo?

Adele: Neppure il mio, Stefania. È di cemento?

Stefania: No, è in ⟨＿＿＿＿＿⟩ battuto. Il tuo?

Adele: Anche il mio. Ho messo molti vasi di ⟨＿＿＿＿＿⟩ nel mio terrazzo.

Stefania: Sì? Io no. Amo i fiori, ma sono troppo pigra…

Adele: Di che colore sono le persiane della tua ⟨＿＿＿＿＿⟩ ?

Stefania: Verdi. E le tue?

Adele: ⟨＿＿＿＿＿⟩ , come le finestre.

B Combine the preposition with the article given in brackets and fill in the gaps.

1 ⟨＿＿＿＿＿⟩ condominio dove abita Luca ci sono otto appartamenti. (in + il)

2 I genitori ⟨＿＿＿＿＿⟩ sorella di Anna abitano a Salerno. (di+la)

3 Il tuo libro è ⟨＿＿＿＿＿⟩ tavolo in cucina. (su+il)

4 La mia casa dista mezzo chilometro ⟨＿＿＿＿＿⟩ stazione. (da+la)

5 ⟨＿＿＿＿＿⟩ cinque parto per Venezia. (a+le)

Combined prepositions

'I work in Milan' is **Lavoro a Milano**, but 'I work at the supermarket' is **Lavoro al supermercato**.
Al is a combined preposition, the result of combining **a + il** which contracts to **al**.
Look at the following table of combined prepositions:

	il	lo	l'	la	i	gli	le
a *at, to, in*	al	allo	all'	alla	ai	agli	alle
da *from, by*	dal	dallo	dall'	dalla	dai	dagli	dalle
su *on, about*	sul	sullo	sull'	sulla	sui	sugli	sulle
di *of*	del	dello	dell'	della	dei	degli	delle
in *in, at*	nel	nello	nell'	nella	nei	negli	nelle

In the process of contraction, note that **in** and **di** change the vowel to **e: nel** and **del**.

C Look at the photo and complete the sentences using
the appropriate combined prepositions. The first one has been
done for you. Look up any words you don't know.

> su   di   accanto a   intorno a

1 **Sul** tavolo c'è un grande piatto.

2 ⬭ lavello c'è una lampada bianca.

3 ⬭ scaffale sul lato destro ⬭ cucina ci
sono quattro disegni.

4 ⬭ tavolo ci sono due sedie.

Una cucina

Casa dolce casa

D Riempi gli spazi. Fill the gaps with the correct combined form of **da**:

1 Anche Laura va _____ oggi. (medico)

2 Lara, passi tu _____ , alle 3? (fiorista)

3 Vai _____ domani, vero? (barbiere)

4 Pranziamo _____ (mamma di Fabrizio).

5 Ho molta paura quando vado _____ (dentista).

5 Com'è la tua stanza?

A Guarda molto attentamente le immagini qui sotto. Take three minutes to memorise as many items as you can. Then close the book and see how many you remember.

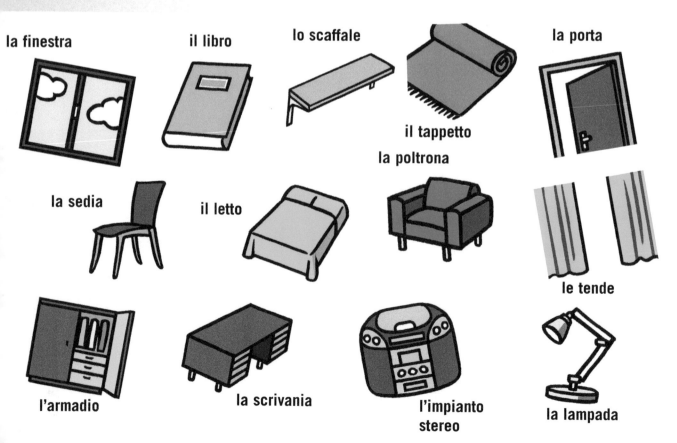

la finestra | il libro | lo scaffale | il tappetto | la porta | la poltrona | la sedia | il letto | le tende | l'armadio | la scrivania | l'impianto stereo | la lampada

B  Read this description of Stefania's bedroom.

Di fronte alla porta c'è una finestra. Quando entri, a destra trovi il letto. Sul letto ci sono tre grandi cuscini. Tra la porta e il letto c'è un armadio. A sinistra della finestra, c'è una scrivania piuttosto grande e una sedia. La mia scrivania è un vero caos: oltre al computer portatile, ci sono libri, cd, riviste dappertutto e una fotografia della mia famiglia durante una vacanza in Kenia. Tra la scrivania e la finestra c'è un grande impianto stereo con due casse ai lati. In mezzo alla stanza c'è un enorme tappeto. Sulla parete destra ci sono quattro poster…

Using this description as a model, describe to your partner one of the rooms in your house. Your partner will try to draw a plan of it according to your description. Then swap roles and see how accurate you were!

C Disegna e descrivi la tua stanza ideale. Work with a partner. Try to use the combined prepositions for details about where things are.

D Can you say the following in Italian?

1 The cushion is on the carpet in front of the armchair.

2 The book and the laptop are under the desk.

3 The lamp is in the wardrobe.

Casa dolce casa UNIT 5

GLOSSARY

Nouns

appartamento	flat
armadio	wardrobe
bagno	bathroom
balcone (m)	balcony
barbiere (m)	barber's
camera da letto	bedroom
cantina	cellar
casa	house, home
cassa	box
cemento	concrete
computer portatile (m)	laptop
condominio	block of flats
corridoio	corridor
cucina	kitchen
cuscino	cushion
disegno	drawing
doccia	shower
ferro battuto	wrought iron
finestra	window
fiorista	florist
impianto stereo	stereo system
ingresso	hall, lobby
lampada	lamp
lato destro	right-hand side
lavello	sink
libro	book
medico	GP, doctor
monolocale (m)	studio flat
orologio	clock, watch
ospite (m)	guest
palazzo	apartment block
parete (f)	wall
parrucchiere/a	hairdresser's
persiana avvolgibile	roller blind
persiana scorrevole	sliding shutter
piano	floor
piantina	map
piatto	plate
porta	door
rustico	country cottage
sala da pranzo	dining-room
salone (m)	sitting-room
scaffale (m)	shelf
scrivania	desk
sedia	chair
soggiorno	living-room
stanza	room
tapparella	roller blind
tappeto	carpet
tavolo	table
terrazza	balcony
tetto	roof
vacanza	holiday
vaso	vase
villetta a schiera	terraced house
villetta bifamiliare	semi-detached house
villetta unifamiliare	detached house

GLOSSARY

Adjectives

abitabile	available, suitable
anziano/a	elderly, old
arredato/a	furnished
buio/a	dark
enorme	huge, enormous
freddo/a	cold
grande	big
luminoso/a	bright
lussuoso/a	luxurious
moderno/a	modern
piccolo/a	small
pigro/a	lazy
rumoroso/a	noisy
rosso/a	red
scuro/a	dark
semplice	simple
silenzioso/a	silent
tranquillo/a	quiet
verde	green

Verbs

affittare	to let, rent out
cercare	to look for
chiacchierare	to chat
cucinare	to cook
vendere	to sell

Prepositions

a	at, in
a dostra di	on the right of
a sinistra di	on the left of
accanto a	beside, near to
da	from, to, at the house of
davanti a	in front of
di fronte a	opposite
fra	between, among
in fondo a	at the back of
in mezzo a	in the middle of
intorno a	around
sotto	under, below
su	on, above
tra	between, among
vicino a	near to, close to

Phrases

anche	as well
anche il mio	mine too
c'è	there is
ci sono	there are
dà su	it looks onto
neppure il mio	mine neither

Expressions

Com'è la tua stanza?	What's your room like?
Non c'è nessun garage	There is no garage

Casa dolce casa UNIT **5**

LOOKING FORWARD

In **Unit 6** we will learn how to get around in a big city. Do you remember the last time you went abroad? Which words were essential for getting around? Italians do travel a lot but often they are not very good with foreign languages… So, to start with, see if you recognise these words:

**treno   stazione ferroviaria   aereo   autobus   biglietto
binario   biglietteria   banca   bancomat   cambio
ufficio postale   stazione degli autobus**

UNIT 6
Un giorno a Milano

UNIT 6
Un giorno a Milano

By the end of this unit you will be able to:

- Ask for and understand directions
- Use the imperative
- Ask for and understand travel information
- Buy a travel ticket

1 Ti ricordi ancora?

A 🔤 ✏️ 🎧 💿 **Il duomo di Milano**. Read about **il duomo** and fill in **il, lo, l', la, i, gli, le** as appropriate.

Il Duomo di Milano è (_____) simbolo della città da quasi un millennio.

(_____) inizio della sua costruzione risale al 1300, ma (_____) cantiere del Duomo si è ufficialmente chiuso verso (_____) fine dell'ottocento. Per quasi cinquecento anni questa imponente cattedrale è stata (_____) teatro di continui lavori che sono terminati nel 2002 con (_____) restauro della Madonnina, (_____) piccola statua posta sul pinnacolo più alto della cattedrale che domina tutta (_____). città. Anche la statua è un simbolo di Milano e dei suoi abitanti.

(_____) chiesa sorge proprio nel centro della città di fronte alla piazza del Duomo, dove (_____) abitanti si raccolgono per molte delle manifestazioni che riguardano (_____) vita cittadina: comizi politici, celebrazioni, concerti, manifestazioni o scioperi.

Now listen to the recording and check your answer.

B ✏️ 🎧 💿 Fill in the gaps with the correct combined prepositions. The first one has been done for you.

> **dell'   nel   nella   della   degli   della   del**

1 Il simbolo **della** città.

2 L'inizio (_____) costruzione.

3 Il cantiere (_____) Duomo.

4 La fine (_____) ottocento.

5 Il simbolo (_____) abitanti.

6 Sorge (_____) centro (_____) città.

7 Vivo (_____) stessa casa.

Listen and check if you got them right.

C  **Come sono i milanesi?** In this interview with Fruttero, a well-known writer from Milano, can you fill in the correct forms of the missing adjectives?

Giornalista: Lei è nato a Milano?

Fruttero: Sì. Io sono nato a Milano nel 1938.

Giornalista: Vive a Milano da sempre?

Fruttero: Sì. Vivo a Milano da quando sono nato, non più nella stessa casa però ...

Giornalista: Milano deve essere cambiata parecchio da allora?

Fruttero: Sì. Direi di sì. È diventata più (ricco) ⬭ , più (frenetico) ⬭ e anche più (bello) ⬭ .

Giornalista: E i milanesi come sono?

Fruttero: Mah, i milanesi, chi li conosce veramente? No. Scherzo. I milanesi sono gran lavoratori, si svegliano presto la mattina per andare in ufficio e finiscono tardi la sera. Ma sanno anche divertirsi. Quelli che lavorano in centro escono dall'ufficio e vanno a bere un aperitivo e poi magari vanno al cinema. Non sono molto (simpatico) ⬭ con i turisti: sono (scontroso) ⬭ e di (poco) ⬭ parole, ma amano tutto ciò che è (straniero) ⬭ e bello. I milanesi sono dei gran organizzatori ... e quindi (nervoso) ⬭, sempre in ritardo e (irritabile) ⬭!

Giornalista: E le signore (milanese) ⬭?

Fruttero: Beh ... quelle sono politicamente (impegnato) ⬭, (elegante) ⬭ e (abbronzato) ⬭!

Listen to the recording and check your version.

6

ACCESS ITALIAN

2 Prendi la metropolitana

A Ascolta il dialogo fra Giorgio e Luigi. George has to go to Milano for a job interview – **un colloquio di lavoro**. He doesn't know the city well so he phones Luigi for advice. Can you pick out the words you hear?

ABBONAMENTO GIORNALIERO URBANO

ATM
AZIENDA TRASPORTI MILANESI S.p.A.

567.854

004

Duomo di Milano

---

treno	aereo	stazione	autobus	metropolitana
biglietto	biglietteria	semaforo	piazza	viale

LEARNING TIP:

It's **Vado a piedi** but

Vado **in** treno

Vado **in** bicicletta

Vado **in** aereo

Vado **in** autobus

Note how you say:

vicino a *near to*

lontano da *far from*

B Ascolta ancora il dialogo dell'attività A e scegli (*choose*) la riposta corretta.

1 Giorgio arriva

   a alla stazione dei treni.

   b alla stazione degli autobus.

   c all'aeroporto.

2 Giorgio deve prendere

   a un autobus.

   b la metropolitana.

   c il tram.

3 Piazza San Babila è

   a vicino alla stazione.

   b non lontano dalla stazione.

   c abbastanza lontano dalla stazione.

4 I biglietti sono in vendita

   a in stazione.

   b nelle edicole dei giornali.

   c in Piazza San Babila.

You can practise how to give
directions on
www.accesslanguages.com

LANGUAGE FOCUS

The imperative (*tu* and *voi* forms)

Imperatives are used to give directions, suggestions, recommendations and orders. For **-are** verbs, the **tu** and the **voi** forms are as follows:

	tu	*voi*
mangi**are**	mang**ia!** (*eat*)	mang**iate!** (*eat*)

For **-ere** and **-ire** verbs, the **tu** and the **voi** forms have the same endings as the **tu** and **voi** forms of the present tense:

prend**ere**	prend**i!** (*take*)	prend**ete!** (*take*)
dorm**ire**	dorm**i!** (*sleep*)	dorm**ite!** (*sleep*)

The negative **tu** form is **non** + infinitive:
Non mangiare i funghi! *Don't eat the mushrooms!*
Non prendere l'autobus! *Don't take the bus!*
Non uscire questa sera! *Don't go out tonight!*

The negative **voi** form is **non** + the **voi** form of the present tense:

Non mangiate!	*Don't eat!*
Non prendete!	*Don't take!*
Non dormite!	*Don't sleep!*

Here are some irregular imperatives:

andare	**vai!** (*go!*)	**andate!** (*go!*)
dire	**dì!** (*tell!*)	**dite!** (*tell!*)
fare	**fai!** (*do!*)	**fate!** (*do!*)

C Now listen again and read the conversation in activity A. Pick out the **tu** forms of the imperative.

Giorgio: Ascolta. Io devo andare in Piazza San Babila. Arrivo con il treno da Cremona. È vicino la piazza alla stazione?

Luigi: Beh... non proprio. Devi prendere la metropolitana. Ci sono tre linee. Prendi la rossa per Romolo e scendi alla fermata San Babila.

Giorgio: Va bene. E scusa, il biglietto della metropolitana lo compro in stazione?

Luigi: No. I biglietti sono in vendita nelle edicole.

Giorgio: Ho capito. Grazie. Senti, dopo il colloquio devo andare a prendere un libro alla Feltrinelli. Posso andare a piedi?

Luigi: Sì certo. La libreria Feltrinelli è in piazza del Duomo. Devi andare sempre dritto, segui i portici e dopo trecento metri sulla destra c'è la Feltrinelli. Ma ascolta, perché non mangiamo qualcosa insieme?

Giorgio: Buona idea!

LEARNING TIP:
Feltrinelli, Einaudi and Mondadori are three of the best known publishers in Italy. They are also well known for their bookshops – **le librerie**. In recent years bookshops in some of the big cities have been transformed into spaces where you can sit, relax, read books, listen to music, watch videos, surf the web and, naturally enough, have a coffee...

6

D 🖊 ▶ Can you turn Luigi's instructions into their **voi** forms?

E 🎲 🎧 ▶ Try to match the pictures with the expressions below.

a   b   c   d

e   f   g   h

1 gira a sinistra

2 gira alla seconda traversa a sinistra

3 attraversa la piazza

4 vai sempre dritto

5 gira a destra

6 vai in fondo alla via

7 prendi la terza traversa a destra

8 attraversa al semaforo

F 🗣 🔊 ▶ **Attraversa la piazza.** Partner A tells Partner B how to get to the phone box (**la cabina telefonica**) and the postbox (**la cassetta delle lettere**).

Partner B tells Partner A how to get to the bus stop (**la fermata d'autobus**) and the bar (**il bar**).

Use the instructions in activity E to give directions, using the **tu** form of the imperative.

Bar

POSTE

VOI SIETE QUI

3 Cosa vuole fare?

 LANGUAGE FOCUS

Modal verbs

Modal verbs are the verbs 'want', 'can' and 'must'. They are often used in front of another verb, which is always in the infinitive. Here are some examples from the dialogue in activity 3A:

Devi prendere la metropolitana.   *You have to take the underground.*
Devo andare a prendere un libro.   *I have to go to pick up a book.*
Posso andare a piedi?   *Can I walk?*

Here's the present tense of the three modal verbs:

	volere (*to want*)	**potere** (*to be able to, can*)	**dovere** (*to have to/must*)
(io)	voglio	posso	devo
(tu)	vuoi	puoi	devi
(lui/lei/Lei)	vuole	può	deve
(noi)	vogliamo	possiamo	dobbiamo
(voi)	volete	potete	dovete
(loro)	vogliono	possono	devono

A Can you match the following questions and answers?

1   Dove vuole andare?   **a**   Sì. Dovete andare alla stazione.

2   Posso andare a piedi?   **b**   Voglio andare al duomo.

3   Devo prendere l'autobus?   **c**   Sì, certo. Non è lontano...

4   Dove possiamo comprare i biglietti?   **d**   Puoi prendere l'autobus o il treno.

5   Dobbiamo andare in treno?   **e**   Potete comprarli in stazione.

B It's football derby night in Milan, a very special night for everyone! Look at what happens at Gianni's home. Try to complete the sentences, using **volere**, **potere** or **dovere**. The first one has been done for you.

1 Gianni **vuole** guardare il derby questa sera!

2 I genitori di Gianni non ⬭ guardare la partita, preferiscono andare a dormire. Marta, la moglie di Gianni, ⬭ uscire con le sue amiche questa sera.

3 I bambini ⬭ andare a letto presto, perché la partita comincia alle 8.30.

4 Arturo e Federico ⬭ vedere solo il secondo tempo: finiscono di lavorare alle 9.00.

5 Tutti ⬭ fare il tifo per l'Inter!

LEARNING TIP:
The Milan 'derby' – a football match between clubs of the same city – is between Inter (Internazionale Milano) and Milan. In Turin it's between Juventus and Turin, in Rome between Roma and Lazio. **Il calcio** is the **sport nazionale**, at least for the male population! **Fare il tifo per** is 'to be a fan of' and **i tifosi** (the fans) are always a big part of the show.

4 Dov'è la fermata?

A Giorgio has arrived in Milan. The railway station is so big that he's confused and he stops a passer-by (**un passante**) to ask the way. Ascolta il dialogo e completa le parti mancanti (*missing parts*). (See page 98 for **Lei** forms of the imperative.)

> scusi   fermata   dove   a Lei   senta   biglietto
> Dov'è   sulla destra   davanti a Lei

Giorgio: Senta, scusi. ( ) la ( ) della metropolitana?

Passante: È proprio ( ). Vede quel cartello rosso? È lì.

Giorgio: Ah grazie. E ( ), scusi, ( ) compro il ( ) della metropolitana?

Passante: All'edicola. Esca dalla stazione e l'edicola è subito lì ( ).

Giorgio: Ah grazie. E senta, ( ), che ore sono?

Passante: Sono le dieci meno un quarto.

Giorgio: Grazie mille e buongiorno.

Passante: Buongiorno ( )!

B Starting **Senta, scusi** ask your partner the following questions. Then swap roles.

1 Where is the railway station?

2 Where is the bus stop?

3 Where is the newspaper kiosk?

4 Where can I buy the tickets?

5 What time is it?

Un giorno a Milano UNIT 6

LANGUAGE FOCUS

The imperative (*Lei* forms)

The polite **Lei** form of the imperative is generally used for giving directions or instructions to people you don't know. Here is the form for regular verbs:

	lavor**are**	chied**ere** (*to ask*)	sent**ire** (*to listen*)
(Lei)	**Lavori!**	**Chieda!**	**Senta!**

Most verbs that are irregular in the present tense form the **Lei** imperative by changing the **-o** of the first person singular to **-a**:

	Present tense	*Lei imperative*
andare	Io vado	**Vada!** *Go!*
dire	Io dico	**Dica!** *Say!*
fare	Io faccio	**Faccia!** *Do!*
venire	Io vengo	**Venga!** *Come!*
uscire	Io esco	**Esca!** *Go out!*

The negative of the **Lei** imperative is very simple. You just add **non** before the verb form:

Non vada!   **Non prenda!**   **Non faccia!**

C **C'è un bancomat qui vicino?** *Is there a cashpoint near here?* Giorgio asks someone where the nearest **bancomat** is. The first person isn't local to the area, but the second knows where to go. Listen carefully and pick out the three verbs in the **Lei** imperative form.

⬭, ⬭ sempre dritto. ⬭ la piazza alla sua sinistra ....

D Go back to activity 2F and using the map, give the same directions to each other as before, but this time using the **Lei** imperative forms.

5 Vorrei due biglietti

A  It's the evening, and Giorgio is back home in Cremona trying to organise a weekend break for himself and his girlfriend in Florence. He logs onto the internet and checks the **Trenitalia** homepage. Can you pick out where he should click to find information on:

- Travelling abroad
- Train times
- Booking

Un giorno a Milano

6

Trenitalia - Microsoft Internet Explorer

File Modifica Visualizza Preferiti Strumenti ?

Indietro Indirizzo http://www.trenitalia.com/home/it/index.html Vai

Collegamenti

Google Cerca nel Web Cerca nel sito Opzioni

search Google Ask Jeeves AltaVista Smiley Central Cursor Mania Games Customize My Button Highlight Fun Tools

FS TRENITALIA

Home | Orario-Acquisto biglietti | Area Clienti | Viaggi e Vantaggi | Mappe
Viaggi internazionali | InfoTreno | Servizi per i disabili | Abbonamenti Regionali

> So

PER ORARIO DI PARTENZA   PER TEMPO DI PERCORRENZA   PER NUMERO DI FERMATE

| Info | Partenza | Arrivo | Stazione di Cambio | | Treni | Durata | Acquista |
			Stazione	Arrivo			
1.	10:26 CREMONA	13:45 FI.SMN	FIDENZA	10:55	R HR ES★	03:19	🛒
			BOLOGNA	12:30			
2.	10:35 CREMONA	14:26 FI.SMN	PIACENZ	11:02	R IC	03:51	🛒
3.	12:33 CREMONA	15:50 FI.SMN	PIACENZ	13:00	R IC	03:17	🛒
4.	13:25 CREMONA	17:21 FI.SMN	FIDENZA	14:03	R HR ES★	03:56	🛒
			BOLOGNA	15:35			
5.	14:05 CREMONA	17:45 FI.SMN	FIDENZA	14:36	R HR ES★	03:40	🛒
			BOLOGNA	16:30			

LEARNING TIP:

Here's some language to help you when you book your ticket:

Scelta treno — *Choice of train*

Partenze — *Departures*

Arrivi — *Arrivals*

Durata — *Journey time*

Not all trains can be booked on-line. Look at the symbol on the right of the screen, under the heading **Acquista** (Purchase).

B 🎲 After checking the various options on the homepage, Giorgio decides to look at the train times. He wants to leave in the morning and is reluctant to take an ES train (Eurostar) because it's too expensive. Which would be his best train?

C 🔊 Rispondi:

1 A che ora parte il treno da Cremona?

2 A che ora arriva a Firenze?

3 Quanto dura il viaggio?

4 Giorgio deve cambiare treno? Dove?

5 Giorgio può prenotare on-line?

You could try finding information about trains yourself on the official Italian rail website at www.trenitalia.it

D Giorgio goes to the station in Cremona to buy his ticket. Ascolta e completa le parti mancanti.

> per il cinque   Quant'è?   biglietti   Verso   alle
> trentatré   settantadue   Ecco a Lei

Impiegato: Prego.

Giorgio: Salve. Vorrei due ⟨⟩ per Firenze.

Impiegato: Andata soltanto?

Giorgio: Sì.

Impiegato: Per oggi?

Giorgio: No. ⟨⟩ luglio.

Impiegato: A che ora vuole partire?

Giorgio: ⟨⟩ le 10:30.

Impiegato: C'è un treno ⟨⟩ 10.35 che arriva a Firenze alle 14.26.

Giorgio: Non è diretto, vero?

Impiegato: No. Deve cambiare a Piacenza.

Giorgio: D'accordo.

Impiegato: In seconda classe?

Giorgio: Sì, per favore. ⟨⟩?

Impiegato: Due biglietti… sono ⟨⟩ euro e ⟨⟩ centesimi.

Giorgio: Va bene. ⟨⟩.

Impiegato: Ecco a Lei i biglietti.

Giorgio: Grazie.

Impiegato: Grazie … e arrivederci.

Giorgio: Arrivederci.

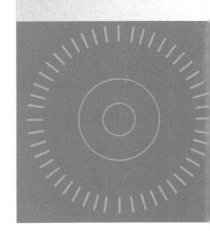

LEARNING TIP:

If you go to the station to buy your ticket, you'll need the following:

Andata   *single*

Andata e ritorno   *return*

È diretto?   *Is it direct?*

Da che binario parte?

Which platform does it leave from?

Before travelling on a train in Italy, remember to get your ticket stamped at a machine at the station (**una macchina obliteratrice**).

Un giorno a Milano UNIT 6

E  **Vero o falso?**

		Vero	Falso
1	Giorgio vuole partire da Parma.	⬭	⬭
2	Il treno arriva a Firenze verso le tre.	⬭	⬭
3	Giorgio deve cambiare il treno due volte.	⬭	⬭
4	Prenota tre biglietti in seconda classe.	⬭	⬭
5	Spende più di 40 euro.	⬭	⬭

F Immagina! Arrivi in stazione e vuoi compare un biglietto. Usa le informazioni qui sotto, e compra i biglietti. Partner B lavora alla biglietteria e ti risponde.

Cliente:	**Impiegato:**
Asks for 2 return tickets from Venice to Bologna	Asks what class
first class	Leaving when?
today	Suggests the 3.10 train arriving in Venice at 5
leaving at about 3 p.m.	Says the train leaves from platform 4
Asks which platform	

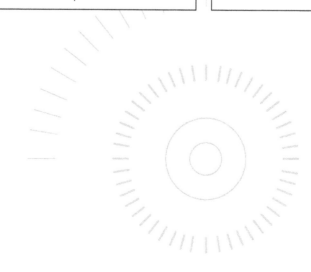

6 La qualità della vita

The plural forms of the
possessive adjecives

A  Ci sono molti modi per migliorare (to improve) la
qualità della vita. Leggi gli articoli.

1   Pasti in armonia

> A tavola 'Pace'! Non aspettate questo raro momento di
> riunione familiare per sparlare della cognata maleducata,
> del dispetto della vicina di casa, della 'disubbidienza' di
> vostro figlio. Mangiate in pace e godetevi la pastasciutta!

2   Il tempo libero

> Scegliete un'attività che vi piace, senza pensare che
> dovete dimagrire, imparare l'inglese, mettere a posto la
> casa e pensare a cosa preparare per cena... A voi piace
> cantare? Fare giardinaggio? O leggere un libro? Fate
> soltanto quello che amate, nel vostro tempo libero!

3   Indimenticabile serata

> Lui vuole assolutamente vedere la
> partita di calcio e voi no?
> Praticamente perfetto. Approfittate
> di questi 90 minuti per restare
> finalmente al telefono con la
> vostra amica senza interruzioni....

B E tu cosa consigli? *What do you suggest?* Use the
imperative as in the texts above to give some suggestions about
how to improve the quality of life. Esempio: Mangia più verdura!

LEARNING TIP:

The plural forms of the
possessive adjecives
(**mio**, **tuo**, **suo**) are:

	libro (m) (*book*)
our	**il nostro**
your	**il vostro**
their	**il loro**

	macchina (f) (*car*)
our	**la nostra**
your	**la vostra**
their	**la loro**

There are more activities on
possessives on our website.

Un giorno a Milano

ACCESS ITALIAN

GLOSSARY

Nouns

aereo	aeroplane
autobus	bus
bicicletta	bike
biglietteria	ticket office
biglietto	ticket
binario	platform
cabina telefonica	public telephone
cartello rosso	red sign
cassetta delle lettere	postbox
cattedrale (f)	cathedral
celebrazione (f)	celebrations
città	city, town
cognata	sister-in-law
colloquio	interview
comizio	meeting, rally
dispetto (m)	trick
disubbidienza	disobedience
duomo	cathedral
edicola	newspaper kiosk
fermata	stop
impiegato/a	employee, worker
interruzioni (fpl)	interruptions
libreria	bookshop
luglio	July
manifestazione (f)	demonstration
metropolitana	underground, metro
pace (f)	peace
partita	match
piazza	square
pinnacolo	pinnacle
portici (mpl)	arches, arcade
restauro	restoration
sciopero	strike
semaforo	traffic lights
simbolo	symbol
stazione (f)	station
teatro	theatre
treno	train
ufficio	office
viale (m)	avenue

Adjectives

abbronzato/a	suntanned
bello/a	beautiful
benestante	wealthy
elegante	elegant
frenetico/a	hectic
generoso/a	generous
impegnato/a	busy
imponente	imposing
irritabile	irritable
nervoso/a	nervous
ricco/a	rich
riunione (f)	meeting, reunion
scontroso/a	grumpy
simpatico/a	nice
stesso	same
straniero/a	foreign
vicina	neighbour
vicino/a	near, close to

GLOSSARY

Verbi

approffitare	to take advantage
arrivare	to arrive
attraversare	to cross
avere bisogno	to need
mettere a posto	to tidy up
cambiare	to change
comprare	to buy
dimagrire	to lose weight
dovere	to have to, must
girare	to turn
godersi	to enjoy
imparare	to learn
mettere a posto	to tidy up
partire	to leave
potere	to be able, can
prenotare	to book
scendere	to get off
seguire	to follow
sorgere	to rise up
sparlare	to speak ill of
vedere	to see
vivere	to live
volere	to want

Others

abbastanza	quite, rather; enough
dopo	after

finalmente	at last
parecchio	quite a lot
però	however
proprio	really
qualcosa	something
soltanto	only
tardi	late
verso	about

Phrases

a piedi	on foot, walking
andata/andata e ritorno	single/return
in aereo	by plane
in autobus	by bus
in bicicletta	by bike
in treno	by train
lontano da	far from
la fine dell' ottocento	the end of the 19th century
prima/seconda classe (f)	first/second class
sono nato/a	I was born
sulla destra	on the right
sulla sinistra	on the left
vicino a	near to

Un giorno a Milano

GLOSSARY

Expressions

C'è un ... qui vicino?	Is there a ... near here?
Attraversa al semaforo	Cross at the lights
D'accordo	Agreed
Da che binario parte?	Which platform does it leave from?
Gira a destra/a sinistra	Turn right/turn left
Hai un minuto?	Do you have a minute?
La seconda traversa a destra	The second turning on the right
Mille grazie!	Thank you very much!
Prendi la linea rossa	Take the red line
Quanto tempo dura?	How long does it take?
Senta, scusi/Senti, scusa	Excuse me, please
Vada sempre dritto	Go straight on
Vorrei due biglietti	I'd like two tickets

LOOKING FORWARD

In **Unit 7** we will be learning how to book a room in a hotel and ask about the price. We'll also be talking about past experiences. Before we start, look up the following words in your dictionary:

**albergo   stanza singola   stanza matrimoniale
con doccia   colazione inclusa   per tre notti
con bagno   ieri   nel 1982**

UNIT 7
Che bella vacanza!

UNIT 7
Che bella vacanza!

1 Ti ricordi ancora?

A **Il galateo della spiaggia**. *Beach etiquette.* Nel seguente brano mancano le forme dell'imperativo. Aggiungile! (In the following extract the imperatives are missing. *Add them!*) Check any words you don't know in the glossary at the end of the unit.

7

SPIAGGIA

In spiaggia le regole non sono molte, ma sono importanti. Quando arrivate e quando andate via ⬭ (*salutare*) sempre i vostri vicini di ombrellone, anche se non li conoscete. ⬭ (*rispettare*) lo spazio degli altri.

Quando vi allontanate non ⬭ (*lasciare*) il telefonino acceso.

⬭ (*rispettare*) il riposo degli altri, soprattutto tra le due e le quattro del pomeriggio. Non ⬭ (*scuotere*) l'asciugamano negli occhi del vostro vicino, soprattutto in una giornata ventosa. Quando fumate non ⬭ (*lasciare*) i mozziconi nella sabbia: la spiaggia pulita è più bella! Buone vacanze!

B Trova la risposta corretta alle seguenti domande.

1   Da che binario parte il treno per Roma?

2   Che ore sono?

3   A che ora parte il prossimo treno per Bari?

4   C'è una fermata della metropolitana qui vicino?

5   Scusi, c'è un bancomat sulla piazza?

6   Scusa, dove posso comprare il biglietto per il tram?

a   Sono le otto meno un quarto.

b   All'edicola all'angolo.

c   No. Deve andare sotto i portici.

d   Dal 17.

e   Sì. Guardi, è subito dopo il monumento.

f   Alle 16 e 40.

Adesso ascolta e controlla le tue risposte.

2 Vorrei prenotare una stanza

A  Trova la corretta didascalia (*caption*) per le seguenti foto:

1

2

3

4

stanza doppia   **stanza tripla**   **stanza matrimoniale**   **stanza singola**

LANGUAGE FOCUS

Le stagioni e i mesi dell'anno

inverno	**primavera**	**estate** (f)	**autunno**
winter	*spring*	*summer*	*autumn*
gennaio	**aprile**	**luglio**	**ottobre**
febbraio	**maggio**	**agosto**	**novembre**
marzo	**giugno**	**settembre**	**dicembre**

The following **filastrocca** (*nursery rhyme*) – quite similar though not identical to the English one – may help you to remember!

Trenta giorni li ha novembre

con april, giugno e settembre,

di ventotto ce n'è uno,

tutti gli altri ne han trentuno!

LEARNING TIP:
L'alfabeto telefonico

Ancona, Bologna, Como, Domodossola, Empoli, Firenze, Genova, Hotel, Imola, Livorno, Milano, Napoli, Orvieto, Pisa, Quebec, Roma, Salerno, Torino, Udine, Venezia, Zara.

Le date

Remember! When saying the date in Italian, unlike English, you use cardinal not ordinal numbers: **il** + number + month:
il tredici luglio
the thirteenth of July

B Ascolta la telefonata (*phone conversation*) e rispondi alle domande qui sotto.

1 Per quando è la prenotazione del signor Thomson?

a per giugno

b per luglio

c per agosto

2 Il signor Thomson prenota

a due stanze singole

b una stanza matrimoniale

c una stanza matrimoniale e una doppia

3 Quanto costa la stanza matrimoniale?

a € 80

b € 60

c € 70

4 Che cosa chiede la receptionist?

a di mandare una caparra

b di mandare il saldo

c di mandare un fax di conferma

5 Qual è l'indirizzo dell'albergo?

a Hotel Due Laghi, via Lombardia, Sirmione, Italia

b Hotel Due Laghi, via Brennero, Riva del Garda, Italia

c Hotel due Laghi, via Riva del Garda, Bardolino, Italia

C 🎧 📇 ✏️ 💬 ⏺ Ascolta ancora la conversazione tra la receptionist e il cliente e inserisci le espressioni mancanti qui sotto:

Receptionist: Pronto. Hotel Due Laghi buongiorno. Desidera?

Cliente: Pronto, buongiorno. Mi chiamo Mark Thomson. ⟨⟩ due stanze per il mese di luglio.

Receptionist: Sì certo. Per quando esattamente?

Cliente: ⟨⟩ luglio, ⟨⟩ il ventiquattro.

Receptionist: Dunque, dal tredici al ventitré luglio sono … undici notti. ⟨⟩ per cortesia … Desidera una stanza con bagno o con doccia?

Cliente: Con bagno, direi. Ma ⟨⟩ ?

Receptionist: Con bagno sono leggermente più care.

Cliente: Ah. Quanto costano?

Receptionist: Con bagno costano 70 euro al giorno, con doccia 55 euro al giorno.

Cliente: Capisco. Allora vorrei una stanza matrimoniale con bagno e una doppia con doccia ⟨⟩.

Receptionist: Va bene. Dunque, sono due stanze dal tredici al ventitré con partenza il ventiquattro. Una matrimoniale e una doppia. La matrimoniale con bagno, la doppia con doccia. Ecco fatto. ⟨⟩ il suo nome per cortesia?

Cliente: Mark Thomson. T come Torino, H come Hotel, O come Orvieto, M come Milano, S come Salerno, O come Orvieto e N di Napoli.

Receptionist: Signor Thomson, per la prenotazione abbiamo bisogno di una ⟨⟩ del venti per cento.

Cliente: Certamente. A chi devo mandar la caparra?

Receptionist: L'indirizzo è Hotel Due Laghi, via Brennero, Riva del Garda, Italia.

Cliente: Bene.

Receptionist: Grazie a Lei e arrivederci.

Che bella vacanza! UNIT 7

D 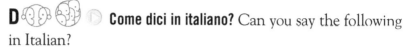 **Come dici in italiano?** Can you say the following in Italian?

1   I would like to book a double room.

2   From the 7th to the 25th of June.

3   Is there a swimming pool?

4   How much does the double room cost?

5   What's your address?

E  Un po' di pratica. Partner A è la/il receptionist all'Hotel Due Laghi. Partner B è la / il cliente che vuole prenotare una stanza.

Follow the instructions for the role-play, then swap roles.

Cliente	Receptionist
Stanza singola – bagno	Senza bagno – con doccia
3-7 agosto	Sì
Prezzo?	€ 55

Practice booking accommodation on our website

Check that you can...
- book a hotel room
- ask how much it is
- spell your name on the phone.

3 Alle Isole Tremiti

A The **Touring Club Italiano** publishes guides and maps and also runs holiday villages in beautiful places such as the Isole Tremiti. Guarda l'home page del Touring Club con il tuo partner. Le seguenti affermazioni sono vere o false? Perché?

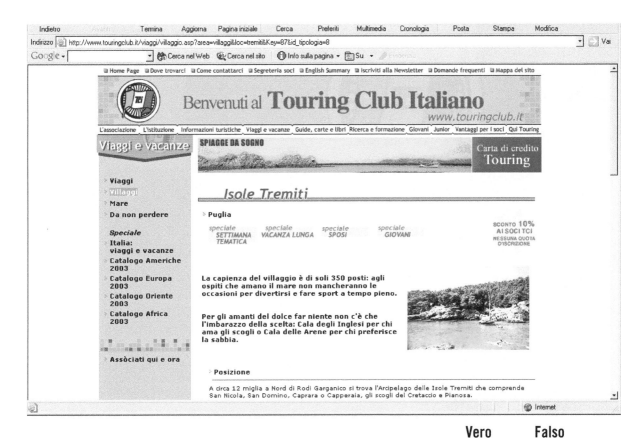

	Vero	Falso
1 The village can accommodate 300 people.		
2 La Cala delle Arene is for people who like rocky places.		
3 The village isn't suitable for sporting activities.		
4 The Touring Club has special offers for married couples.		
5 Members of the Club get a 10 per cent discount.		
6 The Touring Club also organises holidays in Australia.		

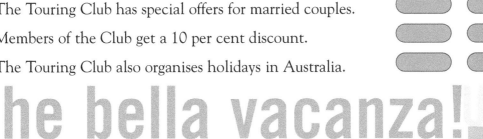

Che bella vacanza! UNIT 7

B 🗣️ 🄰🄲 🔘 Paola e Fabio vogliono prenotare una settimana al villaggio turistico alle Isole Tremiti. Leggi l'e-mail che scrivono all'ufficio informazioni del villaggio. Tu sei l'impiegato e devi rispondere alle loro domande. Che cosa chiedono Paola e Fabio?

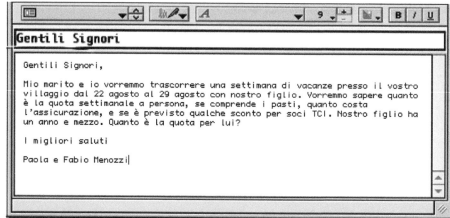

Gentili Signori

Gentili Signori,

Mio marito e io vorremmo trascorrere una settimana di vacanze presso il vostro villaggio dal 22 agosto al 29 agosto con nostro figlio. Vorremmo sapere quanto è la quota settimanale a persona, se comprende i pasti, quanto costa l'assicurazione, e se è previsto qualche sconto per soci TCI. Nostro figlio ha un anno e mezzo. Quanto è la quota per lui?

I migliori saluti

Paola e Fabio Menozzi

C 🄰🄲 ✍️ 🔘 Leggi i dati nella tabella e scrivi una breve e-mail di riposta.

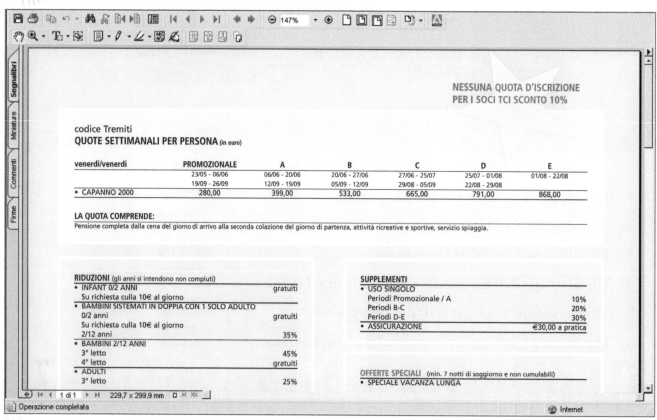

NESSUNA QUOTA D'ISCRIZIONE
PER I SOCI TCI SCONTO 10%

codice Tremiti
QUOTE SETTIMANALI PER PERSONA (in euro)

venerdì/venerdì	PROMOZIONALE	A	B	C	D	E
	23/05 - 06/06	06/06 - 20/06	20/06 - 27/06	27/06 - 25/07	25/07 - 01/08	01/08 - 22/08
	19/09 - 26/09	12/09 - 19/09	05/09 - 12/09	29/08 - 05/09	22/08 - 29/08	
• CAPANNO 2000	280,00	399,00	533,00	665,00	791,00	868,00

LA QUOTA COMPRENDE:
Pensione completa dalla cena del giorno di arrivo alla seconda colazione del giorno di partenza, attività ricreative e sportive, servizio spiaggia.

RIDUZIONI (gli anni si intendono non compiuti)
- INFANT 0/2 ANNI — gratuiti
  Su richiesta culla 10€ al giorno
- BAMBINI SISTEMATI IN DOPPIA CON 1 SOLO ADULTO
  0/2 anni — gratuiti
  Su richiesta culla 10€ al giorno
  2/12 anni — 35%
- BAMBINI 2/12 ANNI
  3° letto — 45%
  4° letto — gratuiti
- ADULTI
  3° letto — 25%

SUPPLEMENTI
- USO SINGOLO
  Periodi Promozionale / A — 10%
  Periodi B-C — 20%
  Periodi D-E — 30%
- ASSICURAZIONE — €30,00 a pratica

OFFERTE SPECIALI (min. 7 notti di soggiorno e non cumulabili)
- SPECIALE VACANZA LUNGA

1 di 1   229,7 x 299,9 mm
Operazione completata   Internet

Conoscere and sapere

There are two verbs meaning 'to know', used in different ways:

conoscere	*to know (or to meet) a person, know a place, a book etc.*
sapere	*to know a fact*
Lo conosco di vista.	*I know him by sight.*
Non conosco le Isole Tremiti.	*I don't know the Tremiti Islands.*
Vorremmo sapere quanto costa.	*We would like to know how much it costs.*

sapere can also be used with the meaning 'to know how to'.

Sai nuotare?	*Can you swim?*

Here is the present tense of both verbs:

io	**conosco**	**so**	*I know*
tu	**conosci**	**sai**	*you know (informal)*
lui/lei	**conosce**	**sa**	*he/she knows, you know*
noi	**conosciamo**	**sappiamo**	*we know*
voi	**conoscete**	**sapete**	*you know*
loro	**conoscono**	**sanno**	*they know*

D Scegli il verbo corretto.

1 Conosci / Sai il dottor Nizzoli?

2 Vorrei sapere / conoscere Floriana. Sembra una ragazza molto simpatica.

3 Marcello conosce / sa nuotare molto bene.

4 Sai / Conosci a che ora parte il treno per Lecce?

5 È proprio un peccato! Conosco / So Andrea solo di vista.

4 Abbiamo visitato Verona!

A Leggi la cartolina che (*postcard which*) Marco scrive a Andrea. Pick out how he says 'we visited', 'the children played', 'we had a drink'.

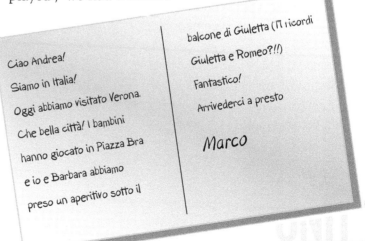

Ciao Andrea!

Siamo in Italia!

Oggi abbiamo visitato Verona. Che bella città! I bambini hanno giocato in Piazza Bra e io e Barbara abbiamo preso un aperitivo sotto il balcone di Giuletta (Ti ricordi Giuletta e Romeo?!!)

Fantastico!

Arrivederci a presto

Marco

LANGUAGE FOCUS

Il passato prossimo

The **passato prossimo** (present perfect) is the tense you normally use to talk about past actions. It's used for actions which took place in the past but still have some connection with the present (e.g. *I have visited*), and also those which describe an action in the more distant past. (e.g. *I visited*). So you can say:

Ho visitato Verona oggi.
I have visited Verona today   and
Ho visitato Parigi dieci anni fa.
I visited Paris ten years ago.

The **passato prossimo** has the same structure as the English present perfect tense:

Subject	+	avere	+	past participle
(Io)		**ho** (*I have*)		**lavorato** (*worked*)

The ending of the past participle depends on the verb group it belongs to:

	infinitive		past participle
verbs in **-are**:	lavorare	→	lavor**ato**
verbs in **-ere**:	vendere	→	vend**uto**
verbs in **-ire**:	dormire	→	dorm**ito**

Ho lavorato in casa ieri.
I worked at home yesterday.
Hai venduto la macchina l'anno scorso.
You sold your car last year.
Margherita **ha dormito** molto.
Margherita has slept a lot.

Some verbs work with **essere**, not **avere**. These are mostly verbs of movement and also reflexive verbs. Here are some examples:

	Subject	essere	past participle	
andare	(Io)	**sono**	**andato**	(*I went*)
tornare	(Tu)	**sei**	**tornato**	(*You returned*)

The past participle, when used with **essere**, has to agree in gender and in number with the subject of the verb:

Francesco **è andato** al cinema.
Francesco has gone to the cinema.
Marta **è andata** a teatro.
Marta went to the theatre.
Ci **siamo riposati**
We rested.

Some verbs have irregular past participles. Here are some of the most common ones:

essere	**stato**
dire (*to say*)	**detto**
fare (*to do*)	**fatto**
perdere (*to miss*)	**perso**
prendere (*to take*)	**preso**
rimanere (*to stay*)	**rimasto**
scegliere (*to choose*)	**scelto**
vedere (*to see*)	**visto**
vivere (*to live*)	**vissuto**
venire (*to come*)	**venuto**

You'll find more practice on the past tense on our website

B Adesso leggi la lettera che Marco scrive a Giulio.

Manchester, 5 settembre

Caro Giulio,

Come stai? Io sto bene. Finalmente sono andato in Italia con mia moglie e i bambini! Che bella vacanza! Abbiamo prenotato in un albergo a Riva del Garda. Siamo partiti da Manchester la mattina e il pomeriggio siamo arrivati in albergo, in tempo per un tuffo in piscina! Come puoi immaginare i bambini si sono divertiti moltissimo: hanno giocato in piscina, hanno mangiato gelati tutti i giorni, hanno fatto lunghi giri in bicicletta e hanno anche nuotato nel lago! Io e mia moglie ci siamo riposati. Lei ha preso molto sole sulla terrazza dell'albergo mentre io ho letto tutti i libri che non sono riuscito a leggere quest'inverno. Ho fatto anche delle brevi passeggiate sulle colline che circondano il Lago di Garda e ho raccolto qualche fungo. Insomma è stata proprio una vacanza perfetta! E tu che cosa hai fatto? Sei stato in vacanza? Quando ci vieni a trovare a Manchester? Sai che ti aspettiamo.

Un abbraccio da tutti noi

A presto

Mark

C 🔍 👥 ◐ Nella lettera che scrive a Giulio, Marco parla della sua vacanza.

In small groups, try to pick out the verbs in the past tense in activity A and write them in the table below:

essere	avere
Sono andato	Abbiamo prenotato

D ✍ 👥 ◐ Can you write the past participle of the following verbs? Look at the table on p.116.

1 trovare (_____)   4 vedere (_____)

2 visitare (_____)   5 cadere (_____)

3 partire (_____)   6 uscire (_____)

E ✍ ◐ In the sentences below, the past participles are missing. Try to insert the correct ones. Remember to make the agreements with verbs that use **essere**:

1 Marco è (_____) a trovare la sua sorella. (andare)

2 Noi siamo (_____) tardi in stazione. (arrivare)

3 Manuela e Gianna sono (_____) al mare con noi. (venire)

4 Marina è (_____) a casa tardi ieri sera! (tornare)

5 Che cosa avete (_____) ieri al ristorante? (mangiare)

6 Quando hai (_____) la macchina? (vendere)

F  Volgi le seguenti frasi al passato prossimo.

1   Torno dal cinema

2   Angela esce con noi.

3   La famiglia Micheletti parte per le vacanze.

4   Vostra zia telefona nel pomeriggio.

5   Vedo un film con Chiara Mastroianni.

6   Parlo con il direttore dell'ufficio vendite.

G **Da o Per?** Aggiungi la preposizione corretta.

1   Ho vissuto in Francia ⬭ due anni.

2   Lavoro per le Poste Italiane ⬭ 1987.

3   Sono andato in Spagna ⬭ tre giorni per lavoro.

4   Ho lavorato in Polonia ⬭ due mesi e mezzo.

5   Vivo in Italia ⬭ due anni.

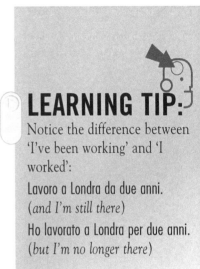

LEARNING TIP:
Notice the difference between 'I've been working' and 'I worked':
Lavoro a Londra da due anni.
(*and I'm still there*)
Ho lavorato a Londra per due anni.
(*but I'm no longer there*)

H **Che bella vacanza!** Racconta una tua vacanza.
Scrivi un breve testo sulle tue vacanze. Se vuoi, puoi seguire i punti suggeriti:

* La tua vacanza preferita: dove? Quando?
* Che cosa hai fatto?
* Con chi sei andato?
* Quanto sei rimasto?
* Perché è stata la preferita?

READY TO MOVE ON?

✓
Check that you can...

⬭ form the *passato prossimo* of regular and irregular verbs

⬭ talk about past experiences

⬭ say how long you've been doing something for.

UNIT **7**

5 Discussioni su tutto…

A **Vero o falso?** Marcella and Corrado went on holiday together but found there was a lot they disagreed about! Back home afterwards, Marcella phones her friend Stefania.

		Vero	Falso
1	Nel suo complesso è stata una bella vacanza.	⬭	⬭
2	Marcella non è contenta di essere tornata.	⬭	⬭
3	Hanno avuto molte discussioni.	⬭	⬭
4	A Marcella piace fare colazione in camera.	⬭	⬭

B **Lui e io**. Perché hanno avuto discussioni? Ascolta ancora la telefonata, e scrivi le parole che mancano.

Lui vuole un albergo piccolo, io ⬭ voglio grande. Lui vuole la colazione in camera, io ⬭ voglio al bar. Lui vuole una stanza con la televisione, io non ⬭ voglio nemmeno vedere. Lui vuole la spiaggia con gli ombrelloni, io ⬭ voglio libera.

(**Io** **la** **la** **la**)

Me, you, him, her, it

These are direct object pronouns. Look at the following:

mi	*me*	Dove **mi** aspetti?	*Where will you wait for me?*
ti	*you*	Non **ti** conosco.	*I don't know you.*
lo	*him*	**Lo** incontro in centro.	*I'm meeting him in the centre.*
	it (m)	Dov'è l'albergo? **Lo** vedo.	*Where's the hotel? I see it.*
la	*her*	**La** chiamo domani.	*I'll call her tomorrow.*
	it (f)	Va bene la stanza? Sì, **la** prendo.	*Is the room OK? Yes, I'll have it.*

Important!

- Object pronouns always go before the verb:

  Ti aspetto qui. *I'll wait for you here.*

- Unless followed by an infinitive or imperative:

  Lo ho incontrato. *I met him yesterday.*
  Voglio comprar**lo**. *I want to buy it.*
  Compra**lo**! *Buy it!*

- The participle agrees with the pronoun:

  Ho incontrato Marc**o** → **Lo** ho incontrato.
  Ho incontrato Mari**a** → **La** ho incontrat**a**.

- **Lo** and **la** become **l'** before a vowel:

  Aspetto Marina → **L'**aspetto.

C Scegli la forma corretta del pronome:

1 Il direttore paga Alberto il 10 di ogni mese.

  Il direttore la / lo paga il 10 di ogni mese.

2 Il veterinario cura il gatto di Francesca.

  Il veterinario lo / la cura.

3 Quando chiami Alessia?

  La / Lo chiamo domani.

D Riempi gli spazi.

1 Hai comprato il pane?

Sì, l' ho ⬭.

2 Hai ascoltato la nuova canzone di Ligabue?

No, non l'ho ⬭ ancora.

3 Avete aspettato l'autobus per molto tempo?

Sì, l'abbiamo ⬭ per quasi un'ora.

E **Tocca a te!** Ti ricordi la telefonata che Stefania fa a Marcella (attività A)? Ora sei tu al telefono con un amico e racconti la tua vacanza. Poi vi scambiate i ruoli (*swap roles*).

Tu vuoi	Lui/Lei vuole
La sveglia in camera	No
Spiaggia libera	Spiaggia con ombrelloni
Bagno in camera	Bagno sul corridoio
Colazione al bar	Colazione in camera
Camera sul giardino	Camera sulla piscina
Letto matrimoniale	Letto a castello

6 Io e lui

A Leggete il seguente testo tratto da un racconto (*a story*) di Natalia Ginzburg, e sottolineate tutte le parole che secondo voi sono pronomi. Controlla (*check*) la tua lista con quella del tuo compagno. Check any words you don't know in the glossary.

"Lui ama le biblioteche. Io le odio. Lui ama i viaggi, le città straniere e sconosciute, i ristoranti. Io resterei sempre a casa, non mi muoverei mai.

Lo seguo, tuttavia, in molti viaggi. Lo seguo nei musei, nelle chiese, all'opera. Lo seguo anche ai concerti, e mi addormento.[...] Non è timido; e io sono timida. Qualche volta però l'ho visto timido. Coi poliziotti, quando si avvicinano alla nostra macchina armati di taccuino e matita. Con loro diventa timido, perché si sente in torto.

Io, l'autorità costituita, la temo, e lui no. Lui ne ha rispetto. È diverso. Io, se vedo un poliziotto avvicinarsi per darci la multa, penso subito che vorrà portarmi in prigione. Lui, alla prigione, non pensa; ma diventa, per rispetto, timido e gentile."

B  Quali di questi aggettivi descrivono lui? E quali lei? Parlane con un compagno.

Lui è studioso. Lei è pigra.

> curioso   avventuroso   attivo   pigro
> timido   rispettoso   pessimista   studioso
> interessato   innamorato   silenzioso
> chiacchierone   introverso   estroverso

C Prova (*Try*) ora a scrivere un testo simile: Lui/Lei e io.

Lui è bravissimo in cucina. Io sono un disastro...

Che bella vacanza! 7

GLOSSARY

Nouns

abbraccio	hug
asciugamano	towel
biblioteca	library
caparra	deposit
colazione	breakfast
discussione (f)	argument
galateo	etiquette, manners
guida turistica	guidebook
letto	bed
letto a castello	bunk bed
livello	level
matita	pencil
mozzicone (m)	cigarette stub
multa	fine
occhio	eye
ombrellone (m)	beach umbrella
passeggiata	walk
prigione (f)	prison
regola	rule
riposo	rest
rivista	magazine
sabbia	sand
sconto	discount
settimana	week
spazio	space
spiaggia	beach
sposi (mpl)	married couples
sveglia	waking up, alarm
taccuino	notepad
tuffo	dive
telefonino	mobile phone
veterinario	vet
vicino	neighbour

Adjectives

alto/a	high, tall
acceso/a	turned on, switched on
armato/a	armed
attrezzato/a	equipped
chiacchierone	talkative
gentile	kind
sconosciuto/a	unknown
seguente	following
solitario/a	lonely
timido/a	shy
torto/a	wrong
ventoso/a	windy

Verbs

addormentasi	to fall asleep
allontanarsi	to go away
aspettare	to wait
avvicinare	to approach
cadere	to fall
chiedere	to ask
circondare	to surround
conoscere	to know
dire	to say, tell
diventare	to become
fumare	to smoke
lasciare	to leave, let

GLOSSARY

mandare	to send	con partenza	leaving
odiare	to hate	dieci anni fa	ten years ago
parlare	to talk	già	already
perdere	to miss	i migliori saluti	best wishes
raccogliere	to collect	ieri	yesterday
rimanere	to stay	l'anno scorso	last year
rispettare	to respect	non ancora	not yet
salire	to get on (bus, train)	quota d'iscrizione	registration fee
sapere	to know	quota settimanale	weekly rate
scegliere	to choose	singola/doppia	single/double
scuotere	to shake	soprattutto	above all
seguire	to follow	tuttavia	nevertheless
svegliare	to wake (someone)	venti per cento	twenty per cent
telefonare	to phone	vorrei sapere	I would like to know
temere	to fear		
tornare	to return		
trascorrere	to spend, pass (time)		
trovare	to find		

Expressions

Ci sono stanze libere?	Are there rooms available?
Vorrei prenotare…	I'd like to book…
Se è possibile	If possible
Attenda in linea	Hold the line
C'è differenza?	Is there a difference?
Mi ripete il suo nome?	Could you tell me your name again?

Phrases

a presto	see you soon
comprende i pasti	meals included
con doccia/bagno	with bath/shower

LOOKING FORWARD

In **Unit 8** we will be mainly working on physical descriptions of people. You'll be able to describe yourself and your colleagues and make comparisons. You will also find yourself trapped in a detective story… Before we start, here is some vocabulary which you will find helpful:

alto   occhi azzurri   viso paffuto   furto
rossi   barba   biblioteca   sospetti

UNIT 8
Che cosa è successo?

125

UNIT 8
Che cosa è successo?

1 Ti ricordi ancora?

A  Scegli il verbo modale corretto. Ascolta e controlla.

1 Devo / posso / voglio andare a trovare Lorenzo. Devo / posso / voglio raccontargli tutto.

2 Dovete / potete / volete partire anche oggi, ma alla radio hanno detto che il traffico è intenso.

3 Dobbiamo / possiamo / vogliamo andare al cinema. Cosa dici?

4 Devono / possono / vogliono assolutamente consegnare la tesi per il 31 ottobre, altrimenti non si devono / possono / vogliono laureare.

5 Devi / puoi / vuoi essere a casa per le 11. Non devo / posso / voglio fare preoccupare i tuoi genitori.

B **La settimana scorsa.** Try to remember some of the things you did last week, where you went, with whom etc., and jot down the details in Italian. Start describing it to your partner who will ask you questions about it. Listen to the example.

C Sostituisci il nome con il pronome diretto corretto.

1 Ho incontrato Paolo in biblioteca.

2 Avete visto il treno arrivare in stazione?

3 Abbiamo chiamato Emanuela proprio ieri sera.

4 Hai visitato il museo archeologico di Lipari lo scorso luglio?

5 Devi comprare il pane.

2 L'indagine (The investigation)

A Leggi il seguente brano nel giornale del 7 agosto:

UN FURTO IN BIBLIOTECA

Ieri, in una famosa biblioteca di Firenze, la biblioteca Laurenziana, è scomparso un prezioso manoscritto. Si tratta del manoscritto originale della commedia *La Mandragola* di Niccolò Machiavelli. In biblioteca c'erano soltanto quattro persone: il bibliotecario, due studenti e un professore di Storia rinascimentale. L'ispettore Castiglioni si occupa delle indagini...

LEARNING TIP:

Machiavelli was a famous Florentine statesman during the **Repubblica** (at the beginning of the 16th century). He also worked for the Medici family and wrote histories of Florence (Le Historie fiorentine). One of Machiavelli's pronouncements on politics is particularly famous **Il fine giustifica i mezzi** (*The ends justifies the means*).

8

127

B Il bibliotecario (*The librarian*). Ascolta l'interrogatorio dell'ispettore Castiglioni. Prendi nota di tutte le informazioni che ti sembrano importanti e discutine poi con un compagno.

C Riordina l'interrogatorio del bibliotecario. Can you put the parts of the interrogation into the right order?

a

Ispettore: Quel permesso è falso però…

Bibliotecario: Sì, è vero, ma in quel momento non ci ho fatto caso…

Ispettore: E poi?

Bibliotecario: Poi ho fatto il solito giro di controllo e quando è stato il momento di chiudere la biblioteca, verso l'una, mi sono accorto che i libri restituiti erano soltanto due e non c'era più la *Mandragola*.

Ispettore: E a quel punto ha chiamato la polizia…

Bibliotecario: Esatto. Ho telefonato alla polizia all'una e un quarto.

b

Ispettore: Buongiorno, Lei è il signor….?

Bibliotecario: Medici Arturo.

Ispettore: Luogo e data di nascita, signor Medici?

Bibliotecario: Sono nato a Firenze il 3 settembre 1966.

Ispettore: È sposato?

c

Bibliotecario: Il ragazzo mi ha chiesto un libro sulla storia di Firenze, mentre la ragazza ha richiesto un libro su Michelangelo Buonarroti, l'architetto che ha progettato la biblioteca.

Ispettore: Ho capito. E poi che cosa è successo?

Bibliotecario: Poi verso le undici è entrata un'altra persona. Non la conosco. Un uomo sulla quarantina con i capelli grigi, la barba e gli occhiali. Ha chiesto di vedere il manoscritto della *Mandragola* di Machiavelli. Io l'ho preso e gliel'ho portato perché lui mi ha fatto vedere un permesso della direzione della biblioteca.

d

Bibliotecario: No. Sono celibe e non ho figli.

Ispettore: Bene. Mi può raccontare quello che è successo ieri, signor Medici?

Bibliotecario: Certo. Come ogni giorno ho aperto la biblioteca alle nove. A quell'ora sono entrate solo due persone in biblioteca: due giovani studenti, un ragazzo e una ragazza. Una ragazza bionda con un abito rosso, abbastanza bassa, e un ragazzo molto magro vestito di nero. Mi hanno chiesto due libri e si sono seduti uno di fronte all'altra. Dopo circa un'ora la ragazza si è alzata e è uscita dalla sala. È tornata dopo una mezz'ora. Hanno parlato un po', poi lei è uscita di nuovo.

Ispettore: Che libri le hanno chiesto?

D Quali sono le persone descritte dal bibliotecario? Which of the drawings below fit the descriptions of the three people described by the librarian?

Che cosa è successo? **8**

E **Gli studenti.** Questa è la dichiarazione (*statement*) dei due studenti che la mattina del 6 agosto sono andati alla biblioteca Laurenziana. Leggila con attenzione: alcuni particolari insospettiscono l'ispettore Castiglione.

Alla gentile attenzione dell'
ispettore Achille Castiglioni
Questura di Firenze
Via Santa Croce 15
13009 Firenze

Firenze, 8 agosto

Oggetto: Furto alla Biblioteca Laurenziana del 6/8

Egregio ispettore Castiglioni,

La mattina del 6 agosto ci siamo recati alla biblioteca Laurenziana per completare una ricerca per l'Università di Firenze. Siamo arrivati poco dopo l'apertura della biblioteca e siamo rimasti fino all'ora di pranzo. Abbiamo richiesto al bibliotecario due libri: una storia di Firenze in due volumi e un libro su Michelangelo Buonarroti, l'architetto della biblioteca Laurenziana. Durante la mattina non ci siamo mai allontanati dai nostri posti e abbiamo riconsegnato i libri prima di uscire. Non abbiamo incontrato nessuno in biblioteca e non abbiamo sentito nessun rumore sospetto.
Restiamo comunque a Sua completa disposizione per qualsiasi chiarimento.

In fede
Lorenzo Medici   *Lorenzo Medici*
Beatrice Borgia   *Beatrice Borgia*

F Nella lettera dei due studenti c'è un particolare che non corrisponde esattamente alle dichiarazioni del bibliotecario. Qual è? Discuti con un compagno: che cosa è successo secondo te (*according to you*)?

3 Una svolta nelle indagini

A 🎲 👥 🔊 Il professore. Queste sono alcuni appunti che l'ispettore Castiglioni ha preso durante l'interrogatorio del Professor Ferravalle. Leggili con attenzione.

Professore Ferravalle   lavora all'Univ. Fi
                               Dipart. Storia Rinascimentale

Arriva 9.00

Non si alza mai

Esce una circa   **permesso per prestito libro scaduto!!**

                        Abitudinario!

Il furto. Lo viene a sapere dai giornali (sembra sincero...)

Il bibliotecario. Non lo conosce personalmente (informazione controllata: corretta)

Gli studenti. Li conosce. Li descrive con sicurezza.

Lui alto magro vestito di nero (spesso), occhiali, capelli lunghi

Lei più bassa, bionda, capelli più lunghi, senza occhiali, più giovane (?)

Sinceramente preoccupato scomparsa libro!

Tenerlo d'occhio!

B 🔊 👥 🔊 Leggi gli appunti dell'ispettore Castiglioni (attività A) e con un compagno prova a trasformare gli appunti in un discorso (*a speech*).

Professore Ferravalle   lavora all' Univ. Fi
                               Dipart. Storia Rinascimentale

A Il professor Ferravalle lavora all'Università di Firenze nel dipartimento di Storia rinascimentale.

C ✍ 🖊 Riscrivi gli appunti dell'ispettore Castiglioni con i pronomi corretti. Check Unità 7 if you need to revise the pronouns first.

1 Il libro: lo conosce!

2 Macchiavelli: ⬭ studia.

3 Gli studenti: ⬭ incontra sempre.

4 Il bibliotecario: non ⬭ conosce personalmente.

5 Le ore dalle 9.00 all'una: ⬭ trascorre seduto.

6 L'Università di Firenze: ⬭ frequenta tutti i giorni.

D 🎲 🖊 Questo è un documento che l'ispettore Castiglioni trova presso l'Ufficio Anagrafe (*The Registry Office*) del Comune di Firenze:

COMUNE DI FIRENZE   Sezione Anagrafe

Si dichiara che   *Lorenzo Medici*

è nato a   *Firenze*

il   *26 settembre 1978*   **presso l'Ospedale degli Innocenti**

da   *Medici Arturo*   **residente in**   *Firenze Via della Spiga 43*   **e**

da   *Calzolai Caterina*   **residente in**   *Firenze via della Spiga 43.*

Google ▾ [   ] ▾ 🔍 Cerca nel Web

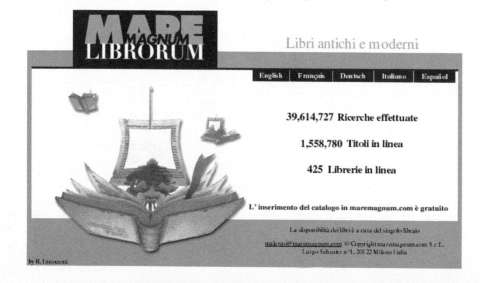

E questa è una pagina web che l'ispettore trova molto interessante.

E 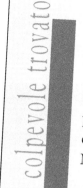 Insieme a un compagno riassumi (*sum up*) l'indagine dell'ispettore e trova il colpevole (*the guilty party*)!

Esempio: C'è stato un furto il 6 agosto…

Trovato il ladro!

Il colpevole trovato

Dopo una sola settimana di indagini, l'ispettore Castiglioni trova finalmente la pedina mancante oltre che il libro rubato! Navigando sul web, scopre infatti che il libro è in vendita al prezzo di € 27000 sulla pagina web. L'interessato deve rivolgersi al seguente indirizzo: Via della Spiga 43.

4 Leggiamo il giornale

A Guarda l'homepage di *Repubblica*. Dove devi cliccare se vuoi:

1 avere le ultime notizie di calcio

2 Leggere i programmi TV

3 avere le ultime notizie di politica interna

4 Contattare repubblica.it

5 ricevere le ultime notizie sul tuo telefonino

Many Italian newspapers are also published on the web.
www.accesslanguages.com lists the top sites

B Leggi il seguente articolo di cronaca (*crime story*). Check the glossary and a dctionary for any words you don't know.

Rapina con roulette russa vittima un imprenditore
I banditi vogliono sapere dov'è la cassaforte

Bergamo. Una notte indimenticabile e drammatica, quella tra lunedì e martedì, per Giovanni Mondini, imprenditore cinquantunenne di Torre Boldone. L'aggressione ha avuto toni drammatici. Tre giovani rapinatori lo hanno svegliato nella sua villa e lo hanno picchiato. L'imprenditore non ha ammesso di avere una cassaforte, allora lo hanno minacciato con una pistola alla tempia, una tragica roulette russa. Infine hanno esploso un colpo ma non l'hanno ferito. I tre sono fuggiti, ma prima hanno mangiato una torta presa dal frigorifero, e hanno portato via una collezione di orologi e gioielli.

1 Who is the victim of the robbery?

2 When did it happen?

3 What did the robbers demand to know?

4 How did they threaten him?

5 What did they do before they fled?

6 What did they take with them?

C Hai mai sentito di (*Have you ever heard of*) un caso simile nella zona dove abiti? Raccontalo al tuo partner.

5 Più...di...

A 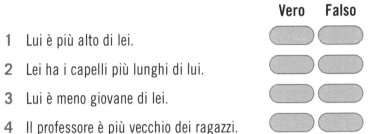 Ti ricordi i due studenti alla Biblioteca Laurenziana?
Leggi ancora le descrizioni dei due studenti (vedi attività 3A) e decidi se
le seguenti affermazioni sono vere o false.

	Vero	Falso
1 Lui è più alto di lei.	⬭	⬭
2 Lei ha i capelli più lunghi di lui.	⬭	⬭
3 Lui è meno giovane di lei.	⬭	⬭
4 Il professore è più vecchio dei ragazzi.	⬭	⬭

There is more practice of comparisons on our website.

LANGUAGE FOCUS

Comparisons

Look at the following comparison words:

più + di   *-er/more ... than*   **meno + di**   *less ... than*   **tanto ... quanto**   *as ... as*

Paola è più bella di Jessica.   *Paula is more beautiful than Jessica.*
Paola è meno bella di Jessica.   *Paula is less beautiful than Jessica.*
Paola è tanto bella quanto Jessica.   *Paula is as beautiful as Jessica.*

But Il professore è **più** vecchio **dei** ragazzi. (di + i ragazzi → **dei** ragazzi)
I ragazzi sono **più** giovani **del** professore.   (di + il → **del**)

B Riempi gli spazi con **più ... di, meno ... di, tanto ... quanto.**

Laura è alta 1,65 metri. Anna è alta 1,78. Chiara è alta 1,65.

1 Laura è ⬭ bassa ⬭ Anna.

2 Anna è ⬭ alta ⬭ Laura.

3 Chiara è ⬭ alta ⬭ Laura, ma ⬭ bassa
⬭ Anna.

4 Anna è ⬭ bassa ⬭ Chiara.

LEARNING TIP:
Decimals are usually written
with a comma in Italian:
Anna è alta 1,78.
Anna is 1.78 metres tall.
Costa € 24,78.
It costs 24.78 euros.

8

135

C Riempi gli spazi.

1 L'automobile è meno veloce ( ) bicicletta. (di + la)

2 Il pane è migliore ( ) pizza? (di + la)

3 L'elefante è più grande ( ) topo. (di + il)

4 L'oro è più caro ( ) argento. (di + lo)

5 Il professore è più anziano ( ) studenti. (di + gli)

6 Chi è? Com'è?

A Ascolta le descrizioni di queste persone e abbinale alle foto.

a b c

d e f

1	Diego Abatantuono	4	Maria Luisa Busi
2	Stefano Accorsi	5	Patrizio Roversi
3	Fiorella Mannoia	6	Alex Del Piero

B 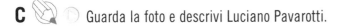 Guarda le fotografie di 6A. Ognuna (*each one*) delle seguenti descrizioni contiene almeno un errore. Trovalo e correggilo.

1   Diego ha un viso grande, i capelli ondulati scuri. Ha anche i baffi e la barba. Porta gli occhiali.

2   Stefano ha i capelli scuri e ricci, un viso paffuto. Non ha né barba né baffi.

3   Alex ha i capelli scuri e lunghi, e il viso grande.

4   Fiorella ha i capelli lunghi e molto ricci, biondi.

5   Patrizio ha un viso grande, i capelli ricci e grigi. Non ha i baffi, ma ha la barba.

6   Maria Luisa ha un viso affilato, i capelli biondi, lunghi e ricci.

C Guarda la foto e descrivi Luciano Pavarotti.

D Fai (scrivi e disegna!) una descrizione di te stesso (*yourself*) su un pezzo di carta. Uno di voi raccoglie (*gathers*) i pezzi di carta, li mischia e li ridistribuisce. Ognuno legge a voce alta (*reads out loud*) una descrizione e con il gruppo indovina chi (*guesses who*) l'ha scritta.

Che cosa è successo?

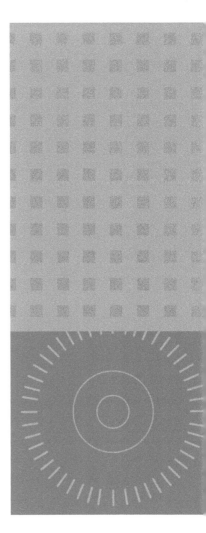

GLOSSARY

Nouns

abitudinario	creature of habit
abito	dress
baffi (mpl)	moustache
barba	beard
bibliotecario	librarian
borsa	money market
cane (m)	dog
capelli (mpl)	hair
cassaforte (f)	safe
chiarimento	explanation
colpevole	guilty person
colpo	shot
dichiarazione (f)	statement
furto	robbery
gioielli (mpl)	jewels
imprenditore (m)	businessman, entrepreneur
incontro	meeting
indagine (f)	investigation, inquiry
informazioni (fpl)	information
ispettore (m)	inspector
manoscritto	manuscript
notizie (fpl)	news
occhi (mpl)	eyes
occhiali (mpl)	glasses
permesso	permission, permit
politica interna	domestic politics
primo ministro	prime minister
ragazza	girl, young woman
ragazzo	boy, young man
rapinatore (m)	robber
ricerca	piece of research
rumore (m)	noise
scomparsa	disappearance
sicurezza	confidence, certainty
sospetto	suspicion
storia	history
svolta	development, turning point
tempo	weather
tesi (f)	thesis
topo	mouse
torta	cake
viso	face

Adjectives

affidabile	reliable
affilato/a	pointed, thin
alto/a	tall
azzurro/a	light blue
basso/a	short
biondo/a	fair, blond
castano/a	chestnut brown
cinquantunenne	51 years old
corto/a	short
giovane	young
grigio/a	grey
indimenticabile	unforgettable
liscio/a	straight
lungo/a	long
magro/a	slim, thin
nero/a	black
ondulato/a	wavy
paffuto/a	plump, chubby
preoccupato/a	worried
prezioso/a	precious, valuable
quello/a	that

GLOSSARY

questo/a	this	sapere	to know (a fact)
riccio/a	curly	scadere	to expire
rinascimentale	renaissance	scomparire	to disappear
robusto/a	strong	sedere	to sit
rosso/a	red	sembrare	to seem, appear
scuro/a	dark	succedere	to happen
ultimo/a	last		

Others

almeno	at least
altrimenti	otherwise
ognuno	each one
qualsiasi	whatever
un po'	a little

Phrases

a quel punto	at that point
è nato	he was born
la pedina mancante	the missing piece
meno … di	less … than
più … di	more … than
poi	then
prima di	before
si tratta di	it concerns
sulla quarantina	of about forty
tanto ... quanto	as … as

Verbs

conoscere	to know (a person)
consegnare	to deliver
descrivere	to describe
ferire	to hurt
fuggire	to flee, run away
minacciare	to threaten
occuparsi di	to look after
picchiare	to hit, beat up
portare via	to take away
progettare	to plan
restituire	to give back, return
richiedere	to request
rimandare	to postpone

Expressions

Davvero?	Really?
Tenerlo d'occhio!	Keep an eye on him!
Non ci ho fatto caso	I didn't take pay any attention to it
Mi sono accorto che …	I realised that …

LOOKING FORWARD

UNIT 9
Abitudini italiane

Unit 9 will give you a chance to revise some of what you have learnt so far. You'll get to know more about fashion, etiquette and Italian manners and customs.

UNIT 9
Abitudini italiane

By the end of this unit you will be able to:

- Understand some Italian attitudes and customs
- Say what interests you, what you prefer and what you'd like to do
- Agree or disagree, and give your opinion
- Make suggestions
- Discuss clothes and colours
- Talk about manners and etiquette

1 Ti ricordi ancora?

A **Il motorino, sì o no?** Leggi il seguente brano ed inserisci la preposizione articolata (combined preposition) di + articolo nella forma corretta.

Un recente rapporto Censis conferma che il motorino è l'oggetto ⬭ desiderio ⬭ adolescenti. In Italia il 75 per cento ⬭ studenti delle superiori si muove su due ruote a motore. Nel 2003, ultimo anno di rilevamento, il 25 per cento ⬭ giovanissimi centauri è rimasto coinvolto in incidenti più o meno seri, ma solo il 26 per cento mostra di avere una corretta percezione ⬭ rischio. Il problema sta proprio nell'eccesso ⬭ sicurezza che spesso si traduce nel rifiuto di usare il casco.

ACCESS ITALIAN

B 🎲 ✏️ 🎧 **Il telefonino**. Inserisci il presente dei verbi nel seguente brano:

Il numero *dei telefonini*

Il numero dei telefonini in Italia è quadruplicato negli ultimi anni. Oggi tutti (avere) _____ un telefonino, spesso più di uno. C'è addirittura chi (affermare) _____ che avere il telefonino (essere) _____ segno di inferiorità sociale perché (comportare) _____ l'obbligo di essere reperibili. Il telefonino (creare) _____ anche un nuovo galateo che purtroppo non (venire) _____ molto rispettato. (Potere) _____ sentire i suoi trilli in treno, al cinema, a teatro, ai matrimoni e ai funerali, insomma nelle situazioni meno opportune. Anche il suo nome (cominciare) _____ a infastidire: molti (preferire) _____ chiamarlo "cellulare"…

C 🧠 ✏️ 🎧 **Non solo la pizza** … Avete organizzato per il weekend una cena italiana. Cosa potete preparare per i vostri ospiti (*your guests*)? Look back at **Unità 2** if you have trouble remembering the names of dishes and food items.

Forse, invece, non avete molto tempo per stare ai fornelli? O siete cuochi/e un po' pigri/e? Cosa potete trovare in un supermercato?

Primi piatti: _____

Secondi: _____

Dolci: _____

Bevande: _____

Abitudini italiane 9

2 Marco e Ludovica

A Ascolta il seguente dialogo tra Marco e un suo amico e rispondi alle domande insieme a un partner.

	Vero	Falso
1 Marco is worried.	◯	◯
2 He is starting a new job.	◯	◯
3 He is intending to leave Ludovica.	◯	◯
4 His friend agrees with his plans.	◯	◯

LEARNING TIP:
To ask what happened, you say:

Cosa è successo?

But note:

Cosa le è successo?

What happened to her?

B Ascolta ancora il dialogo e riempi gli spazi vuoti.

Paolo: Ciao Marco. Allora? Cosa ⬭ ? Al telefono mi sei sembrato preoccupato!

Marco: Infatti. Sono preoccupato per Ludovica ...

Paolo: Cosa ⬭ è ⬭ ?

Marco: Niente. ⬭ ... è solo che non le ho ancora parlato della Cina ...

Paolo: La Cina? Cosa vuoi dire?

Marco: Vado in Cina a lavorare ⬭ . Parto a settembre.

Paolo: Scusa? Ti senti bene? Scherzi, vero?

Marco: No. Parto davvero ma non le ho detto ancora niente ... Questa sera le devo parlare e ho paura di ferirla. Sei ⬭ anche tu vero? Forse dovremmo lasciarci ...

Paolo: Ma cosa dici? Non sono ⬭ d'accordo. Non puoi decidere per lei, no? Non puoi dirle quello che deve fare ... se vuole aspettarti ...

Marco: Ma la Cina è ⬭ ... e poi in un anno, sai quante cose possono succedere ... è meglio essere liberi!

Paolo: No, guarda. Non sono ⬭ ⬭ . Un anno non è poi così lungo!

Indirect object pronouns

A lot of Italian verbs need the word **a** before a person. Look at the following:

Ha prestato il libro **a** Marco.   *He lent Mark the book.*

Devo parlare **a** Ludovica.   *I ought to speak to Ludovica.*

With these verbs, if you want to substitute a pronoun for a name, you need to use an indirect object pronoun. These are not difficult, as they are mostly the same as the direct object pronouns: **mi**, **ti**, **ci**, **vi**. However the following are different:

gli (*him* or *to him*)   **Gli** ha prestato il libro. *He lent him the book.*

le (*her* or *to her*)   **Le** parlo stasera. *I'll speak to her this evening.*

There are also some impersonal verbs which use these pronouns. These include:

piacere (*to like*), and **interessare** (*to be interested in*):

Gli piace molto il buon cibo.   *He likes good food.*

Le interessa la politica.   *She's interested in politics.*

C  **Non sono d'accordo!** *I disagree!* Leggi la pagina del diario di Ludovica insieme a un compagno.

> Caro diario
>
> Marco parte a settembre, per Pechino! Gli hanno offerto un posto in uno studio di architettura, per un anno. Mi vuole lasciare. Mi ha detto che un anno è molto lungo. Dice che preferisce essere libero e che è meglio per tutti e due se ci lasciamo così. Gli ho detto che non sono d'accordo. La lontananza non mi fa paura. Anzi! Allora mi ha chiesto se voglio aspettarlo e io gli ho risposto di sì. Un anno non è lungo se devi cercare lavoro (come me!) e poi ho sempre desiderato vedere la Grande Muraglia...

D Sottolinea tutti i pronomi diretti e indiretti del testo. Fai una lista!

Abitudini italiane

E Sostituisci il nome con il pronome indiretto corretto. Non dimenticare (*Don't forget*) che il pronome precede il verbo! The first one has been done for you.

1 Ho prestato un libro a Irene. → **Le** ho prestato un libro.

2 Ho telefonato a Giorgio.

3 Hai detto una bugia a Marco! (*you told a lie*)

4 Avete dato la lettera a Giacomo?

5 Marco ha parlato a Irene.

F **Ti piace lavorare in banca?** Fai alcune domande al tuo/alla tua partner.

1 Ti piace il tuo lavoro?

2 Che cosa ti interessa?

3 Preferisci ...?

4 Che lavoro vorresti fare?

Ora racconta alla classe quello che hai scoperto (*what you've discovered*) sul tuo/sulla tua partner.

1 Gli/Le piace o non gli piace il suo lavoro.

2 Gli/Le interessa ...

3 Preferisce ...

4 Vorrebbe ...

G Sei d'accordo? *Do you agree?* Leggi le seguenti affermazioni (statements): sei d'accordo? Discutile con un compagno. Segui il dialogo nell'esempio.

A Il fumo fa male. Sei d'accordo?

B Sono d'accordo. Non mi piace fumare e non mi piace lavorare vicino a chi fuma. E tu?

B No, non sono d'accordo. Fumare aiuta a concentrarsi!

1 Le donne sono più intelligenti degli uomini.

2 Le persone belle hanno la vita più facile.

3 Si lavora per vivere.

4 Si vive per lavorare.

3 Cosa ne dici?

A Ludovica vuole invitare Marco alla Festa dell'Unità di Bologna. Ascolta la telefonata che Ludovica fa a Marco e guarda la pagina web a pagina 146.

Che cosa decidono di fare?

B Ora sottolinea dal brano tutte le frasi che ti possono servire per fare una proposta (*suggestion*):

Marco: Pronto?

Ludovica: Pronto? Sono Ludovica. Come stai?

Marco: Ciao tesoro. Mah, tutto bene. Tu come stai?

Ludovica: Sono un po' stanca, ma sto bene. Senti allora, cosa ne dici se questa sera andiamo alla Festa?

Marco: Certo, va bene. Andiamo …Che cosa facciamo?

Ludovica: Cosa ne dici di andare da Lucarelli?

Marco: Lucarelli? Chi è Lucarelli?

Ludovica: Carlo Lucarelli, il più famoso scrittore di gialli a Bologna e in Italia. Beh …te ne intendi però!

Marco: Ah sì. Ho capito, quello che ha scritto …. No senti, non ne ho tanta voglia. Perché invece non andiamo a sentire Covatta?

Ludovica: Ma ti piace?

Marco: Sì, abbastanza. Voglio vedere se dal vivo fa ridere o no.

Ludovica: Va bene. Covatta allora. Mi passi a prendere?

Marco: Sono lì alle otto. Va bene?

Ludovica: Andiamo a mangiare qualcosa prima?

Marco: Sì. Ho già una fame da lupo.

Ludovica: OK. Ci vediamo dopo allora. Buona giornata.

Marco: Ciao tesoro. Buona giornata a te!

Abitudini italiane

LEARNING TIP:

Look at the following ways to make suggestions:

Che cosa facciamo?

Cosa ne dici se andiamo ...?

Cosa ne pensi di ...?

Perché non andiamo ... ?

And some replies:

Non ne ho molta voglia

Va bene

La Festa dell'Unità is the annual **festa** (*party*) of the Communist Party. It used to be an opportunity to meet up, discuss politics, listen to speakers and eat traditional food. Nowadays it's not so political – more just a way to spend an evening out, listen to music and eat good food in a 'laid back' atmosphere.

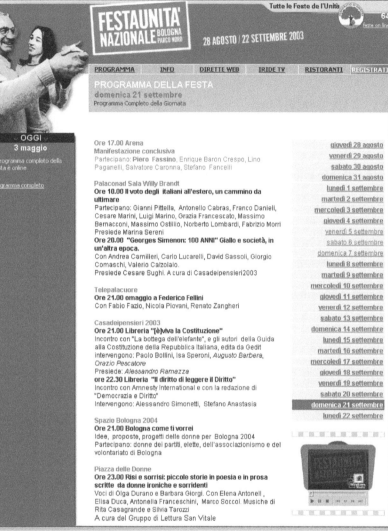

FESTAUNITA' NAZIONALE BOLOGNA PARCO NORD

28 AGOSTO / 22 SETTEMBRE 2003

Tutte le Feste de l'Unità

64 feste on line

PROGRAMMA   INFO   DIRETTE WEB   IRIDE TV   RISTORANTI   REGISTRATI

PROGRAMMA DELLA FESTA
domenica 21 settembre
Programma Completo della Giornata

OGGI
3 maggio
Il programma completo della Festa è online

programma completo

Ore 17.00 Arena
Manifestazione conclusiva
Partecipano: Piero Fassino, Enrique Baron Crespo, Lino Paganelli, Salvatore Caronna, Stefano Fancelli

Palaconad Sala Willy Brandt
Ore 10.00 Il voto degli italiani all'estero, un cammino da ultimare
Partecipano: Gianni Pittella, Antonello Cabras, Franco Danieli, Cesare Marini, Luigi Marino, Grazia Francescato, Massimo Bernacconi, Massimo Ostillio, Norberto Lombardi, Fabrizio Morri
Presiede Marina Sereni
Ore 20.00 "Georges Simenon: 100 ANNI" Giallo e società, in un'altra epoca.
Con Andrea Camilleri, Carlo Lucarelli, David Sassoli, Giorgio Comaschi, Valerio Calzolaio.
Presiede Cesare Sughi. A cura di Casadeipensieri2003

Telepalacuore
Ore 21.00 omaggio a Federico Fellini
Con Fabio Fazio, Nicola Piovani, Renato Zangheri

Casadeipensieri 2003
Ore 21.00 Libreria "[è]viva la Costituzione"
Incontro con "La bottega dell'elefante", e gli autori della Guida alla Costituzione della Repubblica Italiana, edita da Gedit intervengono: Paolo Bollini, Isa Speroni, *Augusto Barbera*, *Orazio Pescatore*
Presiede: *Alessandro Ramazza*
ore 22.30 Libreria "Il diritto di leggere il Diritto"
Incontro con Amnesty International e con la redazione di "Democrazia e Diritto"
Intervengono: Alessandro Simonetti, Stefano Anastasia

Spazio Bologna 2004
Ore 21.00 Bologna come ti vorrei
Idee, proposte, progetti delle donne per Bologna 2004
Partecipano: donne dei partiti, elette, dell'associazionismo e del volontariato di Bologna

Piazza delle Donne
Ore 23.00 Risi e sorrisi: piccole storie in poesia e in prosa scritte da donne ironiche e sorridenti
Voci di Olga Durano e Barbara Giorgi. Con Elena Antonelli, Elisa Duca, Antonella Franceschini, Marco Soccol. Musiche di Rita Casagrande e Silvia Tarozzi
A cura del Gruppo di Lettura San Vitale

C Guarda la homepage della Festa dell'Unità e insieme a un partner organizza una serata (*an evening out*).

Check that you can...

- remember how to express likes and dislikes
- say what you're interested in
- say what you prefer and what you'd like to do
- say if you agree or disagree
- make suggestions.

4 Schiavi della moda!

A  **La moda italiana.** Leggi il brano seguente. Qual è l'importanza della moda per gli italiani?

La moda italiana è famosa in tutto il mondo e gli italiani sono famosi in tutto il mondo per essere sempre vestiti con attenzione ad alcune regole ben precise. Per esempio: per gli uomini il colore della cintura intonato al colore delle scarpe, per le donne il colore della borsetta sempre intonato al colore delle scarpe. Vestirsi in Italia è una componente essenziale della vita sociale. Spesso si sente dire che "l'abito fa il monaco", cioè che il vestito è un elemento sufficiente per valutare complessivamente una persona.

B **Qual è il tuo colore preferito?** Match the colours with the words.

La moda italiana is on the web in the form of thousands of designer and retailer sites. Try those listed on www.accesslanguages.com

rosso	grigio	nero	marrone	bianco	verde
giallo	blu	rosa	azzurro		

Abitudini italiane

9

C 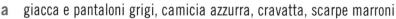 **Qual è il tuo stile?** Guarda le immagini qui sotto.

a giacca e pantaloni grigi, camicia azzurra, cravatta, scarpe marroni

b camicetta bianca, gonna marrone, foulard, scarpe marroni, borsa marrone

c camicia scozzese, pantaloni di velluto, scarpe sportive, zaino

d maglietta a righe, jeans, scarpe da ginnastica, sciarpa

D **Cosa portano?** Ora guarda le immagini e insieme a un compagno descrivi le due persone.

Lui porta:

Lei porta:

This, that, these, those

These are demonstrative adjectives. As with descriptive adjectives, the ending has to agree with the noun:

questo maglione   *this sweater*   **questi** pantaloni   *these trousers*

questa maglietta   *this t-shirt*   **queste** scarpe   *these shoes*

E   **Mi sta bene?** *Does it suit me?* Metti l'aggettivo dimostrativo corretto.

1   ( ) camicia è troppo piccola.

2   ( ) occhiali da sole sono di moda!

3   ( ) scarpe sono troppo strette.

4   ( ) pantaloni sono un po' larghi.

5   ( ) gonna è troppo corta.

F   **Quiz: Dimmi cosa porti e ti dirò chi sei.** *Tell me what you wear and I'll tell you who you are.* Fai questo test e poi riferisci il risultato alla classe. Sei d'accordo? Perché?

1   Che cosa ti metti la mattina per andare a lavorare?

   a   pantaloni comodi e scarpe basse

   b   giacca e cravatta

   c   tailleur e scarpe con tacco

   d   jeans e maglione

2   Che abito sogni per una serata speciale?

   a   Non ti interessano le serate speciali.

   b   Un abito nero tradizionale.

   c   L'ultimo modello di Prada.

   d   Un abito da sera vintage.

3   Quando fai sport,

   a   prendi la prima maglietta che capita

   b   stai attento ai colori che abbini

   c   solo e sempre nero

   d   non ci hai mai pensato

4   Per andare a dormire:

   a   solo biancheria intima

   b   camicia da notte elegante

   c   pigiama classico

   d   pigiama e calze

Abitudini italiane

9

Che tipo sei?

Conta quante risposte A, B, C hai. Hai più A? Vai al profilo A. Hai una prevalenza di B? Leggi il profilo B. Di C, forse? Tu sei il profilo C.

Risultati:

Profilo A

Non ti interessa molto la moda. Per te l'abito non fa il monaco. Quando ti vesti è per essere comodo e a tuo agio. Sei una persona pratica.

Profilo B

L'abito fa il monaco. Per te l'apparenza è importante. Un abito classico è adatto a qualsiasi situazione e ti fa sentire sempre perfettamente a tuo agio.

Profilo C

Il vestito è davvero un'espressione di te, un tuo modo di comunicare. Sei attento ai colori, alle ultime tendenze e sei abbonato a una rivista di moda.

Profilo D

Vestirti ti piace, ma non ti piace ammetterlo. La tua ispirazione non viene dalle riviste di moda, ma dalla strada e dalle persone che frequenti. Alcuni pensano che sei piuttosto originale.

5 Viva gli sposi!

A Cosa si fa?

What does one do? Roberto è stato invitato al matrimonio di un suo amico. È la prima volta che va a un matrimonio e non è sicuro di come comportarsi (*to behave*). Chiede consiglio a sua madre. *What advice does she give him about arriving at the church? And what should he do at the reception?*

Si impersonale

To say 'one thinks' or 'you/people/they think that …', you use
si + third person singular: **Si pensa che** …

si mangia	*one eats*	**si** va	*one goes*
si prende	*one takes*	**si** fa	*one makes, does*
si dorme	*one sleeps*	**si** finisce	*one finishes*

B  Ascolta un'altra volta e riempi gli spazi vuoti.

Roberto: Mamma, mi devi aiutare perché non so cosa fare … Per esempio:
cosa si fa quando arriva lo sposo?

Mamma: ⬭⬭⬭ lo sposo fuori dalla chiesa e lo ⬭⬭⬭ con una
stretta di mano.

Roberto: E quando arriva la sposa?

Mamma: Quando arriva la sposa ⬭⬭⬭ essere già tutti in chiesa. La
sposa deve entrare per ultima.

Roberto: Va bene. E dopo la cerimonia? Cosa si fa?

Mamma: ⬭⬭⬭ dalla sposa e la ⬭⬭⬭ e poi si salutano i
genitori degli sposi.

Roberto: E a tavola? Cosa si fa a tavola?

Mamma: Beh, non è difficile. A tavola ⬭⬭⬭ a mangiare soltanto
dopo la sposa, ⬭⬭⬭ sempre la forchetta più esterna, non
⬭⬭⬭ anche se si ha sonno (mai e poi mai!) e si ringrazia prima di
andare via.

Roberto: Ho capito … Speriamo bene! Penso che non mi sposerò mai…

LEARNING TIP:
Il galateo

Nel 1500 Giovanni Della Casa
wrote a book about **le buone
maniere** called ***Il galateo***
(*Etiquette*). Since then many
other authors have written on
this theme and in recent years
there has been a boom,
particularly for books on table
manners.

posate	*cutlery*
tovagliolo	*table napkin*
forchetta	*fork*
coltello	*knife*
cucchiaio	*spoon*
cucchiaino	*teaspoon*

Abitudini italiane

C Leggi e rispondi alle domande con un compagno.

1 Cosa si fa quando arriva lo sposo?

   Esempio: Lo si saluta con una stretta di mano.

2 Cosa si fa quando arriva la sposa?

3 Cosa si fa dopo la cerimonia?

4 E a tavola?

D **'Paese che vai, usanza che trovi'**. Completa le frasi con la forma corretta del 'si' impersonale.

1 In Francia ci ⬭⬭⬭ (baciarsi) tre volte quando ci si incontra.

2 In Italia ⬭⬭⬭ (salutare) con 'ciao' quando ⬭⬭⬭ (arrivare) e quando ⬭⬭⬭ (andare via).

3 In Germania ⬭⬭⬭ (usare) quasi sempre il 'Lei'.

4 In Spagna non ⬭⬭⬭ (cenare) prima delle 10 di sera!

E Fare spese … Roberto va in centro per comprare un vestito per il matrimonio. Ascolta il dialogo fra Roberto e il commesso.

F Che espressioni usano il cliente e il commesso:

1 It's a bit tight.	a Mi sembra perfetta.
2 What do you think?	b Che taglia?
3 Can you wear black at a wedding?	c Mi sembra un po' stretta.
4 Which size?	d Si mette il nero a un matrimonio?
5 I think it's perfect!	e Si può mettere se …
6 You can wear it if …	f Lei cosa dice?

G 🔊 💬 ⭕ Uffa! Roberto è incontentibile! Decide di non comprare niente in questo negozio, e entra in un altro negozio non molto lontano. Tu sei Roberto e il tuo compagno è il commesso: leggete le istruzioni e preparate il dialogo.

Commesso	Roberto
Says good morning.	Says good morning, he would like to try a grey suit for a wedding.
Asks what size?	Says 46. (*After trying it on*) Says it's too big.
Says it doesn't seem too big to him, but asks if he wants to try a smaller size.	Says yes and asks for size 44.
Says unfortunately he hasn't got it in grey.	

Come finisce il dialogo fra Roberto e il commesso? Decidi tu! Cosa fa Roberto?

GLOSSARY 🔊

Nouns

abito	suit	chiesa	church
abito da sera	evening dress	cibo	food
abitudine (f)	habit	cravatta	tie
biancheria intima	underwear	desiderio	desire
borsa	bag	galateo	manners
camicia	shirt	giacca	jacket
camicetta	blouse	gialli (mpl)	crime stories
camicia da notte	night dress	giro	tour, trip
casco	helmet	gonna	skirt
cellulare (m)	mobile phone	incidente (m)	accident
		lusso	luxury

Abitudini italiane

GLOSSARY

maglietta	t-shirt	**pratico/a**	practical
matrimonio	wedding	**reperibile**	available
moto	motor-bike	**stretto/a**	tight
motorino	motor-scooter	**vecchio/a**	old
obbligo	obligation	**vivace**	bright, lively
occhiali da sole (mpl)	sunglasses		
pantaloni	trousers	## Others	
passatempo	hobby	**addirittura**	even
pasto	meal	**invece**	on the other hand
pigiama (m)	pyjamas	**niente**	nothing
rifiuto	refusal	**purtroppo**	unfortunately
rilevamento	survey	**troppo**	too
rischio	risk		
ruota	wheel	## Verbs	
scarpe (fpl)	shoes	**abbinare**	to match
schiavo	slave	**abbonarsi**	to subscribe
sciarpa	scarf	**affermare**	to maintain
scrittore (m)	writer	**baciare**	to kiss
sposa	bride	**assaggiare**	to taste
sposo	bridegroom	**comportarsi**	to behave
stivali (mpl)	boots	**diventare**	to become
stretta di mano	handshake	**essere d'accordo**	to agree
taglia	size	**ferire**	to hurt
telefonino	mobile phone	**guadagnare**	to earn
trillo	trill	**indugiare**	to delay
velluto	cord	**infastidire**	to annoy
vestito	dress	**intendersi**	to know a lot about
		lasciare	to let, allow; to leave
## Adjectives		**mettersi**	to wear
aderente	close-fitting	**mostrare**	to show
comodo/a	comfortable	**muoversi**	to move around
intonato/a	matching	**portare**	to wear
largo/a	wide, large	**provare**	to try (on)
preoccupato/a	worried	**raffreddare**	to cool

GLOSSARY

ridere	to laugh
ringraziare	to thank
salutare	to greet
sbadigliare	to yawn
sposarsi	to get married
svolgersi	to take place
vietare	to forbid

Phrases

a righe	striped
a tuo agio	at your ease
con tacco	with heels
dal vivo	live (performance)
giovanissimi centauri	very young centaurs
il più famoso scrittore	the most famous writer
non ... per niente	not ... at all
stare ai fornelli	to stand at the cooker
studenti delle superiori	secondary-school pupils

Expressions

Ciao tesoro!	Hello, darling!
Sono un po' stanco	I'm a bit tired
Sto bene	I'm well
Che cosa facciamo?	What shall we do?
Ci vediamo dopo	See you later
Cosa ne dici se ...	What about
Cosa ne pensi di ... ?	What about ...?
Perché non andiamo a ...?	Why don't we go to ...?
Non ne ho molta voglia	I don't really feel like
Mi passi a prendere?	Will you come and pick me up?
Ho una fame da lupo	I'm as hungry as a wolf
Buona giornata!	Have a nice day!
Mi sembra perfetto!	I think it's perfect!
Vorrei provare ...	I'd like to try on ...

LOOKING FORWARD

In **Unit 10** we will be working on the future, i.e. making plans, as well as learning how to talk about the weather. You will also reinforce your speaking skills by discussing some of the issues raised in the readings.

To start with, see if you recognise these words:

> **piove   c'è il sole   fa brutto tempo**
> **che tempo fa?   domani**

UNIT 10

L'anno prossimo

UNIT 10
L'anno prossimo

▶ **By the end of this unit you will be able to:**

- Talk about the weather
- Understand weather forecasts
- Talk about your health
- Talk about the future and future plans
- Read your horoscope

1 Ti ricordi ancora?

A  Traduci in italiano:

1 She wants to leave me.

2 I must speak to her.

3 I don't agree at all.

4 Do you like this red shirt?

5 I'd like to try it on.

6 His favourite colour is blue.

Ascolta e controlla.

▶ ACCESS ITALIAN

B **Che cosa ti piace fare?** Rispondi alle seguenti domande e confronta le tue risposte con quelle di un compagno.

1   Che cosa ti piace fare il fine settimana?

2   Con quale mezzo di trasporto ti piace viaggiare? Perché?

3   Preferisci andare in vacanza da solo o in compagnia? Perché?

4   Qual è il tuo passatempo preferito?

5   Ti interessa la moda o preferisci essere comodo/a? Perché?

C **Sei d'accordo?** Discuti con un compagno:

1   Gli italiani guidano bene l'automobile.

2   Il buon giorno si vede dal mattino.

3   Il caffè è buono amaro (*bitter*).

4   Gli uomini sono più vanitosi delle donne.

2 Che tempo fa oggi ?

A Leggi il 'Language Focus' a pagina 158 e abbina alle immagini le parole corrispondenti.

1   2    3   4

5   6   7

| sole   nuvoloso   nebbia |
| temporale   piove   vento   nevica |

B Che tempo fa oggi? Preferisci la pioggia o il sole? Alcuni (*some people*) amano la pioggia d'inverno. E tu? Perché? Confronta le tue opinioni con un compagno.

L'anno prossimo

To ask what the weather's like you can say: | **Che tempo fa oggi?**
If it's a sunny day, you can say: | **È una bella giornata.**
| **Fa bel tempo.**
| **È sereno.**
| **C'è il sole.**
If it's cloudy: | **È nuvoloso.**
If it's raining, snowing: | **Piove, nevica.**
If there's a storm: | **C'è un temporale, Ci sono temporali.**
If it's windy, foggy: | **C'è vento, C'è nebbia.**
To ask how hot it is: | **Quanti gradi ci sono?**
It's 30 degrees: | **Ci sono 30 gradi.**
It's cold, hot: | **C'è freddo, caldo.**

> Surf some Italian weather sites. You'll find suggestions on our website

C Fa bel tempo oggi a Roma? Fa le domande al tuo/alla tua partner. E a Parigi? Quanti gradi ci sono?

1 Roma: sunny.

Esempio: A Roma c'è il sole.

2 Parigi: cloudy, 24 degrees.

3 Copenhagen: very cloudy.

4 Rio de Janeiro: rain.

5 Napoli: sunny, 34 degrees.

6 Londra: rain.

7 Reykjavik: 14 degrees.

3 Piove, cara?

A È venerdì pomeriggio a Perugia. Il signor De Giorgi ha appena finito di lavorare. Vuole raggiungere la moglie a Pescara. Le telefona per sapere com'è il tempo. Non sa se andare in macchina o in treno.

Ascolta il dialogo fra il signor e la signora De Giorgi. Prendi nota di tutti i riferimenti al tempo nel dialogo.

B  Ascolta ancora il dialogo tra Anna e Franco e riempi gli spazi.

> pioggia   temporale   sole   previsioni   Che tempo farà   piove

Signora De Giorgi (Anna): Pronto?

Signor De Giorgi (Franco): Anna, sono io.

Anna: Allora Franco, quando arrivi?

Franco: Eh, dipende, sai ....

Anna: Dipende? Dipende da cosa?

Franco: Eh, non cominciare e ascoltami!

Anna: Va bene. Dimmi.

Franco: Ascolta, che tempo fa lì? (_____)?

Anna: Ma che domande fai? Sei un po' strano stasera.

Franco: Insomma, rispondimi, piove sì o no?

Anna: Eh, piove. Piove molto. C'è stato un enorme (_____) nel pomeriggio.

Franco: Mmm ...

Anna: Perché? Non sei mai uscito con la (_____)?

Franco: Sì, ma ... allora piove?

Anna: Uffa, Franco, piove sì, ma non tantissimo. Non possiamo andare al mare, d'accordo, ma possiamo sempre fare un giro in centro ...

Franco: Ancora .... No scherzo ... Il punto è che se piove allora non vengo in macchina ma in treno.

Anna: Ma se vieni in treno come facciamo ad andare da Adele, domani?

Franco: Uffa. (_____) domani? Hai guardato le previsioni?

LEARNING TIP:

Look at these words:

Ascoltami	*Listen to me!*
Dimmi	*Tell me!*
Rispondimi	*Answer me!*

When you use an imperative, the pronoun comes after the verb rather than before it, and it's written as one word.

L'anno prossimo

Anna: Sì, Franco, le ho guardate le ⬭. Allora, al mattino sarà piuttosto nuvoloso, no, molto nuvoloso, e forse pioverà. Ma al pomeriggio no, hanno messo ⬭. D'accordo?

Franco: Anna, facciamo così: ci penso e ti richiamo dopo. Va bene?

Anna: Cosa posso dire? Fai sempre quello che vuoi.

C 🅰🎲 ◎ Quel giorno Anna e Franco non si incontrano. Leggi l'SMS che Franco le manda. Perché non andrà a Pescara?

> **abc**   **21/1**
>
> **Anna, non arrabbiarti :)**
> **Non mi sento bene: ho il**
> **raffreddore e la febbre.**
> **Sono a letto. Ti chiamo**
> **dopo. Baci.**

D ◎ Più tardi Anna gli risponde. Ascolta il suo messaggio sulla segreteria telefonica (*answerphone*). Che cosa gli suggerisce di fare Anna?

E ◎ Con un compagno, leggi l'esempio e costruisci dei dialoghi secondo il modello.

(**A**) Come stai?

(**B**) Non mi sento molto bene, veramente. Ho mal di ...

(**A**) Hai già preso qualcosa?

(**B**) No, non ancora.

Partner B has:

1 a headache   **3** a high temperature

2 a stomach ache   **4** a cold

Then swap roles.

Il futuro

Did you notice that, when referring to the forecast, Anna says **sarà nuvoloso** (*it will be cloudy*) and **pioverà** (*it will rain*)? These are examples of the future tense, which is formed by dropping the final **-e** of the infinitive and adding the following set of endings:

	-are verbs **lavorare**	*-ere verbs* **prendere**	*-ire verbs* **dormire**
(io)	lavor**erò**	prend**erò**	dorm**irò**
(tu)	lavor**erai**	prend**erai**	dorm**irai**
(lui/lei/Lei)	lavor**erà**	prend**erà**	dorm**irà**
(noi)	lavor**eremo**	prend**eremo**	dorm**iremo**
(voi)	lavor**erete**	prend**erete**	dorm**irete**
(loro)	lavor**eranno**	prend**eranno**	dorm**iranno**

Note that the endings for the **-are** verbs change the vowel from **a** to **e**, so the endings are the same for **-are** verbs as for **-ere** verbs.

Essere and **avere** are irregular in the future tense:

	essere	**avere**
(io)	sarò	avrò
(tu)	sarai	avrai
(lui/lei/Lei)	sarà	avrà
(noi)	saremo	avremo
(voi)	sarete	avrete
(loro)	saranno	avranno

Some verbs have irregular stems but the endings follow the regular patterns of the three verb groups. These verbs include:

andare	➡ **andrò**	**volere**	➡	**vorrò**
dovere	➡ **dovrò**	**rimanere**	➡	**rimarrò**
potere	➡ **potrò**	**venire**	➡	**verrò**

L'anno prossimo

F  Leggi ancora il dialogo (attività A). Che tempo fa oggi a Pescara? Che tempo farà domani secondo le previsioni del tempo? Di mattino? E di pomeriggio?

G Riempi gli spazi con la forma futura dei verbi tra parentesi.

1 Dove ( ) le Olimpiadi nel 2008? (essere)

2 Sono sicura che Floriana ( ) quel quadro. (comprare)

3 L'anno che ( ). (venire)

4 ( ) con il treno delle 5, Giovanni? (partire)

H Riempi gli spazi. Usa le forme del futuro di **fare**, **dovere** o **potere.**

1 Spostati da lì! O ti ( ) male. (io/fare)

2 ( ) ascoltarmi questa volta. Non accetto contestazioni. (voi/dovere)

3 Quando ( ) smettere le cure? (tu/potere)

4 Potremo riparlarne, se vuoi. Per ora, ( ) così, va bene? (tu/fare)

For more activities on the weather, go to
www.accesslanguages.com

4 Che tempo farà domani?

A Guarda le foto qui sotto. Ascolta le previsioni del tempo e sotto ogni immagine scrivi il numero a cui corrispondono.

a

b

c

d

e

B Controlla se le immagini corrispondono alla previsione.

1 Il cielo sarà nuvoloso o molto nuvoloso con possibili precipitazioni durante la notte. Venti moderati. Temperature in leggera diminuzione.

2 Il cielo sarà complessivamente sereno. Una leggera brezza soffierà da Ovest. Le temperature sono in leggero aumento.

3 Variabile. I venti soffieranno molto forti da Ovest-Nordovest. Prestare attenzione soprattutto nelle zone del versante orientale, in particolare Trieste.

4 Abbondanti nevicate sono previste per il pomeriggio di domani. Il cielo tenderà poi a schiarire. Temperature in diminuzione. Possibile ghiaccio sulle strade soprattutto in pianura padana.

5 Pioggia battente sarà presente al Sud e sulle Isole. Tendenza a schiarire nella giornata di domani. Temperature senza variazioni di rilievo. Venti moderati.

L'anno prossimo

Previsioni per i prossimi 4 giorni

B 🎲 👥 🔊 📀 Guarda la cartina dell'Italia e insieme a un compagno rispondi alle seguenti domande:

1 Che tempo farà al Nord?

2 Che tempo farà a Roma?

3 Che tempo farà sulle isole?

4 E nella zona di Napoli?

5 In Calabria?

C 🔊 👥 📀 **Sulle Torri del Vajolet** Corrado e Marco vogliono andare in montagna per il fine settimana. Hanno in programma di fare un'arrampicata (*to do a climb*) sulle Torri del Vajolet, sulle Dolomiti. Ascolta la telefonata e rispondi insieme a un compagno alle domande.

1 What's the forecast for Friday?

2 By Sunday morning what direction will the wind be?

3 Will it be warm or cold?

4 What does Corrado say he will make a list of?

D Ascolta ancora la telefonata e leggi il dialogo. Di che cosa avranno bisogno? What will they need?

Corrado: Ciao Marco, sono io. Allora andiamo?

Marco: Ah ciao Corrado. Certo … io vengo. Senti, scusa, ma hai ascoltato le previsioni del tempo?

Corrado: No. Non le ho ascoltate. Perché? Cosa si dice?

Marco: Dicono che ci saranno temporali nel pomeriggio di venerdì che il tempo migliorerà durante la notte e che però domenica mattina il vento soffierà da nord, che vuol dire che ci sarà un bel freddo lassù.

Corrado: Cosa vuoi dire? Che non vieni?

Marco: No. Ho già detto che ho voglia di andare. Dico soltanto che dobbiamo portare maglioni pesanti e magari qualche barretta di cioccolato.

Corrado: Bene, allora. Farò una lista di tutte le cose che dovremo mettere nello zaino e ti chiamerò questa sera per controllare che tutti e due abbiamo le stesse cose. Avremo bisogno probabilmente anche di un sacco a pelo per la notte. Hai un sacco a pelo?

Marco: Posso chiederlo a mio fratello. Lui non ha programmi per questo fine settimana. A che ora partiamo domattina?

Corrado: Cosa ne dici di partire verso le 5 e mezza?

Marco: Per me va bene.

www.accesslanguages.com **has some suggestions of sites where you can find our more about the Dolomites**

LANGUAGE FOCUS

Look at the following sentence:

Avremo bisogno di un sacco a pelo.   *We'll need a sleeping bag.*

Ho bisogno di is one way of saying that you need something. You can also use an impersonal verb: **Bisogna** (It is necessary) + infinitive:

Bisogna portare maglioni pesanti.   *It's necessary to wear thick sweaters.*
Bisogna andare a trovare Luigi!   *We have to go and visit Luigi!*

E 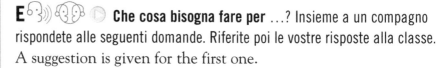 **Che cosa bisogna fare per** …? Insieme a un compagno rispondete alle seguenti domande. Riferite poi le vostre risposte alla classe. A suggestion is given for the first one.

1 Che cosa bisogna fare per prenotare i biglietti del teatro?

    Bisogna telefonare alla biglietteria del teatro.

2 Che cosa bisogna fare per organizzare una festa?

3 Che cosa bisogna fare per fare una torta?

4 Che cosa bisogna fare per cambiare posto di lavoro?

5 Che cosa bisogna fare per dimagrire?

F Leggi i seguenti proverbi sul tempo. Non cercare di capire tutte le parole, solo il senso generale del proverbio. A quali condizioni atmosferiche si riferiscono? Sole? Vento? O altro? Ci sono dei proverbi inglesi che si riferiscono a simili condizioni atmosferiche?

1 In aprile ogni giorno un barile!

2 Rosso di sera, bel tempo si spera!

3 Marzo pazzerello, ogni giorno con l'ombrello.

4 Quando l'alba è rossa, o vento o goccia.

LEARNING TIP:

Although the future tense is used for future plans, forecasts, etc., remember that in conversation you can often just use the present tense to convey the immediate future:

A che ora partiamo domani?
What time shall we leave tomorrow?

Se piove, non vengo in macchina.
If it rains I won't come by car.

5 Che programmi hai per il futuro?

A  Corrado si è laureato (*graduated*) quest'anno in Architettura e deve cominciare a pensare al suo futuro. Durante l'estate scrive un e-mail a Emma, una sua compagna di corso, e le parla delle sue idee per il futuro. Leggi la lettera che le ha scritto.

Cara Emma

Come stai? Ti scrivo dalla Sicilia dove sono in vacanza insieme a un paio di amici. Il tempo è straordinario (anche se fa un po' troppo caldo per i miei gusti), la gente è davvero simpatica e il cibo è ottimo. Siamo andati a vedere la valle dei templi a Agrigento! È mille volte più bella dal vero che in fotografia. Devi proprio vederla. È come fare due passi nella vita di duemila anni fa ...

Tu che fai? Ti riposi al sole o pensi già a settembre, quando dovremo cominciare a pensare a cosa fare dopo la laurea? In effetti ti scrivo perché mi è venuta qualche idea.

Perché non andiamo a fare un corso di restauro dei beni artistici a Trieste? Mi sono informato e è organizzato bene. Non è troppo costoso (100 euro circa). Che cosa ne dici? Il corso dura un mese. Se affittiamo un piccolo appartamento insieme non spenderemo molto. Cosa ne pensi?

In alternativa, potremmo andare a vedere i Sassi di Matera. Dal punto di vista architettonico è un luogo molto interessante. Alcune case risalgono al periodo medioevale. Chi le ha costruite ha dovuto risolvere problemi di ingegneria molto difficili perché le case sono completamente scavate nella roccia della montagna. Allora, cosa ne pensi? Che cosa preferisci fare?

Per quanto mi riguarda sarò contento di fare entrambe le cose. Aspetto una tua lettera presto!

Nel frattempo ti mando un abbraccio

A presto

Corrado

P.S. Tornerò tra una settimana quindi mi puoi rispondere a casa!

B Nella lettera Corrado fa molte proposte a Emma. Sottolinea tutte le espressioni che usa quando le propone qualcosa e fai una lista. Poi confronta la tua lista con quella di un compagno.

L'anno prossimo

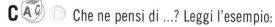

C 🎲 ▷ Che ne pensi di ...? Leggi l'esempio:

(**A**) Cosa ne dici di andare a sentire Luciano Pavarotti questa sera?

(**B**) Mi dispiace, ma purtroppo devo andare al corso di italiano!

🔊)) 🎧 ▷ Ora fai una proposta a un compagno per il prossimo fine settimana. Scegli tra le seguenti alternative:

1 andare al cinema e poi al ristorante

2 andare a vedere una mostra di Picasso

3 studiare italiano insieme

4 andare a fare un giro al mare

5 andare a vedere Dario Fo

6 andare a fare shopping in centro

L'altra persona dovrà scegliere tra le seguenti risposte:

a Sì certo molto volentieri!   *Yes! I'd love to!*

b Volentieri, ma …   *It would be lovely, but …*

c Mi dispiace, ma purtroppo …   *I'm sorry, but unfortunately …*

d Che bella idea!   *What a good idea!*

e Perché invece non … ?   *Why not … instead?*

D 🔊)) 🎧 ▷ **Che cosa farai?** Discuti insieme a un compagno: che cosa farai l'anno prossimo in vacanza? sul lavoro? in famiglia?

6 Bicchiere mezzo pieno o mezzo vuoto?

A 🎲 🔍 🎲 🗣️ 💿 Eccovi un test per misurare quanto siete ottimisti!
Con un compagno, fai il test. Tu segni le risposte per lui, e lui per te.

1 Dopo tanta fatica ottieni i biglietti per la partita, anche se non sono proprio i posti che desideri. Cosa pensi?

a È già un miracolo averli trovati …

b Andrò, anche se tra mille dubbi.

c Non ci andrò comunque. In tv vedrò la partita meglio che (*better than*) a 100 metri dal campo.

2 Ci sono più di quaranta gradi. Hai molto caldo. Cosa pensi di fare?

a Sopporterò, in fondo il caldo da noi non dura più di tre mesi all'anno.

b Mi prenderò le ferie anticipate e me ne andrò in montagna.

c Firmerò 60 cambiali per acquistare un super impianto di climatizzazione.

3 Il lavoro ti ha sempre dato soddisfazioni e l'ambiente è ottimo, ma ti viene offerta una alternativa economicamente molto vantaggiosa. Tu:

a So cosa lascio e non cosa trovo. Non lascerò il mio posto di lavoro!

b Mi prenderò il weekend per decidere.

c Accetterò subito. Con quei soldi pagherò subito una nuova auto.

4 Alla classica tombola di Capodanno, vinci il secondo premio, un viaggio in Egitto, tu:

a Inizierò il nuovo anno magnificamente!

b Uffa... ci sono stato tre volte. Chissà chi ha vinto il soggiorno in Australia.

c Bèh, meglio di niente....

5 Cosa significa per te essere felici?

a Non l'ho ancora capito.

b La felicità è dentro di noi.

c Non dover lavorare per vivere.

L'anno prossimo

B  Conta quante risposte **a**, **b** e **c** il tuo compagno ha dato.

Ha una maggioranza di **a**? Allora vai al <u>Profilo A</u> e leggi al tuo compagno il suo profilo.

Ha una maggioranza di **b**? Leggi il <u>Profilo B</u>.

E naturalmente leggi il <u>Profilo C</u> se il tuo compagno ha una maggioranza di **c**.

Nel frattempo il tuo compagno lavorerà sulle tue risposte e ti leggerà poi il tuo profilo.

PROFILO A: Un bicchiere strapieno!

Tu sei un inguaribile ottimista. Quasi un sognatore. Non hai molto senso pratico, …ahimé e, a volte, rischi di prendere grosse 'fregature'… attenzione!

PROFILO B: Un giusto compromesso …

Il tuo bicchiere? Il giusto cocktail con le dovute proporzioni. Chi ringraziare per un mix così perfetto? Sarà forse grazie alla educazione ricevuta, o magari semplicemente una tua dote naturale? Chi lo sa? L'importante è che tu sei sempre contento e soddisfatto.

PROFILO C: Sempre col broncio …

Tutto ti infastidisce. Rischi, in questo modo, di essere sempre infelice e arrabbiato con tutto e tutti, mentre dovrai imparare a essere un po' più flessibile. Non tutti i mali vengono per nuocere!

7 Di che segno sei?

A Leggi l'oroscopo del tuo segno. Com'è la tua giornata?

ARIETE
Sul lavoro sarai pieno di idee e di energia. Riceverai molte proposte da amici per la serata, ma dopo una giornata di intenso lavoro ti sentirai un po' stanco. Attenzione a tavola. Hai la tendenza ad ingrassare. <u>Meglio evitare</u> il ristorante per qualche giorno.

 ### TORO
Sarai molto organizzato e preciso e riuscirai a <u>sbrigare</u> velocemente i tanti impegni sul lavoro. Avrai il pomeriggio e la serata a disposizione. Ti potrai quindi permettere una cena al ristorante o una serata a teatro perché l'energia e le finanze <u>sono in attivo</u>.

 ### GEMELLI
Dovrai fare attenzione alle <u>nuove conoscenze</u>. Ti porteranno distrazione e problemi con il partner. Sul lavoro andrà tutto bene se non avrai fretta di concludere un affare. Mangia <u>lentamente</u> e vai a letto presto con un buon libro.

 ### CANCRO
Dovrai <u>mantenere la calma</u> in una situazione un po' difficile. La tua intelligenza ti aiuterà anche in questa occasione. Una serata in compagnia del partner e di amici simpatici allontanerà malinconie e <u>pensieri negativi</u>.

 ### LEONE
Sul lavoro non succederà niente di nuovo: la solita routine, ma incontrerai un amico di vecchia data che <u>ti rivelerà</u> un particolare importante della vostra amicizia. Accetterai il suo invito a cena e dovrai <u>disdire</u> ogni altro impegno.

VERGINE
Sarà una giornata difficile per la Vergine, <u>abituata all'ordine</u> e alla precisione. Molti imprevisti ti freneranno e ti impediranno di <u>portare a termine</u> il lavoro. Non preoccuparti. Durante la serata avrai tutto il tempo di dedicarti alla tua occupazione preferita.

 ### BILANCIA
Avrai mille idee e progetti oggi e sarai molto invidiato dai tuoi colleghi di lavoro. È <u>la tua giornata sì</u>. Per la serata tutto è ancora aperto! Ricorda: <u>chi non risica non rosica</u>! Dovrai però stare attento a qualche persona invidiosa.

 ### SCORPIONE
Sul lavoro la fantasia vi aiuterà a trovare soluzioni a problemi pratici e insoliti. Non avrete motivo di <u>lamentarvi</u> se siete in <u>coppia</u>: il partner sarà contento di seguirvi dovunque vorrete. Se invece non siete in coppia conoscerete qualcuno molto attraente.

 ### SAGITTARIO
La vostra distrazione oggi vi renderà la vita difficile sia sul lavoro che con il partner. Vi dimenticherete una scadenza importante e dovrete <u>fare qualche straordinario</u> per riguadagnare la fiducia del vostro capo. Attenzione anche alla salute: cercate di rilassarvi.

 ### CAPRICORNO
Oggi sarà una giornata molto positiva. Sarete produttivi in modo incredibile, facilitati in tutto e in grado di trovare soluzioni a problemi anche complessi. <u>Ritagliatevi</u> un po' di tempo per il riposo e il relax.

 ### ACQUARIO
Avrete qualche difficoltà a comunicare con i colleghi sul lavoro, ma a casa <u>le cose vanno a gonfie vele</u>. Passerete una magnifica serata con il partner che da qualche tempo sentite un po' lontano. È solo una sensazione: tutto si risolverà.

 ### PISCES
Oggi sarete aperti e socievoli. La giornata vi sembrerà leggera. Prendetevela comoda. Oggi tutto andrà a posto senza troppo stress e fatica.

B Cerca di spiegare il significato delle parole sottolineate nel testo del tuo oroscopo e poi riferisci alla classe la tua soluzione.

C Ora confronta il tuo oroscopo con un compagno. Chi è il più fortunato oggi?

GLOSSARY

Nouns

barretta	bar
bisogno	need
capo	boss
Capodanno	New Year
cielo	sky
climatizzazione (f)	air-conditioning
dote (f)	gift, talent
dubbio	doubt
febbre (f)	fever
fregatura	rip-off
giornata	day
grado	degree
laurea	(univ.) degree
maggioranza	majority
miracolo	miracle
montagna	mountain
nebbia	fog
nevicata	snowfall
pioggia	rain
precipitazione (f)	precipitation, rain
premio	prize
previsioni (fpl)	weather forecast
restauro	restoration
sacco a pelo	sleeping-bag
salute (f)	health
scadenza	deadline
scherzo	joke
segreto	secret
serata	evening
soldi (mpl)	money
sole (m)	sun
straordinario	overtime
temporale (m)	thunderstorm
trasmissione (f)	TV programme
vento	wind
zaino	rucksack

Adjectives

faticoso/a	tiring
fitto/a	heavy
inguaribile	incurable
leggero/a	light
nuvoloso	cloudy

GLOSSARY

ottimo/a	excellent	misurare	to measure
pieno/a	full	nascere	to be born
prossimo/a	next	nevicare	to snow
stanco/a	tired	piovere	to rain
sereno/a	clear	schiarire	to clear
strano/a	strange	scoprire	to discover
		smettere	to stop

Others

ahimé	alas
comunque	in any case
domani	tomorrow
dovunque	everywhere
insieme a	together with
magari	perhaps
per ora	for now
entrambe le cose	both things
quindi	therefore

soffiare	to blow
spendere	to spend (money)
spostarsi	to move
rivelare	to reveal

Phrases

a due passi	very close
al mattino	in the morning
al pomeriggio	in the afternoon
andare a gonfie vele	to be going perfectly
avere fretta	to be in a hurry
avere bisogno di	to need
dal vero	in reality
in alternativa	alternatively
un paio	a pair of
un calcio nel sedere	a kick in the bottom
per quanto mi riguarda	as far as I'm concerned

Verbs

accettare	to accept
aiutare	to help
bisogna	one needs to
brillare	to shine
cercare di	to try to
dimenticarsi	to forget
dipendere	to depend
disdire	to cancel
evitare	to avoid
guidare	to drive
impedire	to prevent
ingrassare	to gain weight
invidiare	to envy
migliorare	to improve

Expressions

C'è caldo/Fa caldo	It's hot
C'è freddo/Fa freddo	It's cold
Fa bel tempo	The weather is fine
Volentieri	Willingly
Non mi sento bene	I'm not feeling well
Ho mal di stomaco	I've got a stomach-ache
Ho il raffreddore	I've got a cold

L'anno prossimo

10

LANGUAGE SUMMARY

Nouns

All nouns in Italian have a gender: either masculine (**maschile**) or feminine (**femminile**).
Nouns ending in **-o** are generally masculine:
gelato, vino, ragazzo
Nouns ending in **-a** are generally feminine:
pizza, acqua, arancia

Nouns ending in **-e** can be either masculine or feminine: **bicchiere** (*glass*) and **caffè** (*coffee*) are masculine, but **nazione** (*nation*) and **stazione** (*station*) are feminine. If you want to know the gender of a word ending in **-e**, you will find this in the Glossaries at the end of the units and in the Wordlists at the end of the book.

The plural is formed by changing the ending of the noun.
The singular **-o** or **-e** changes to **-i** in the plural.
The singular **-a** changes to **-e** in the plural:

Singular			Plural		
-o	bambino	*boy*	-i	bambini	*boys*
-e	padre	*father*	-i	padri	*fathers*
-a	bambina	*girl*	-e	bambine	*girls*

Articles

Indefinite articles

The indefinite articles **un, una, un', uno**, are the equivalent of the English 'a' or 'an'. In Italian there are four words instead of the English two: **un** and **una** are by far the most common.

un	before a masculine word starting with consonant or a vowel:	**un** gelato, **un** libro **un** aperitivo
uno	before a masculine word starting with a double consonant group such as **gn, s** + consonant or before **z, y** and **x**:	**uno** studente **uno** psicologo **uno** zoo
una	before a feminine word starting with consonant:	**una** pizza,
un'	before a feminine word starting with a vowel:	**un'**aranciata, **un'**amica

Definite articles

The definite articles are the equivalent of the English 'the': in the singular **il** or **lo** for masculine nouns and **la** for feminine nouns. Both **il** and **la** are shortened to **l'** before a vowel:

il	before a masculine word starting with consonant:	**il** gelato, **il** libro
lo	before a masculine word starting with a double consonant group such as **gn**, **ps**, **pn**, **s** + consonant or before **z**, **y x** and **h**:	**lo** studente **lo** psicologo **lo** zio
la	before a feminine word starting with a consonant:	**la** barca
l'	before a word starting with a vowel:	**l'**amico, **l'**operaio (masc.) **l'**amica, **l'**aranciata (fem.)

Plural articles

i	il libro	**i** libri	*the books*
gli	l'operaio	**gli** operai	*the workers*
le	la pizza	**le** pizze	*the pizzas*

Adjectives

Adjectives are words used to describe an object, a situation or a person. In Italian they must agree with the noun they are describing. This means that the ending changes according to the gender (masculine or feminine) and number (singular or plural) of the noun.

Adjective ending	Singular	Plural
-o (masc.)	l'appartamento **piccolo**	gli appartamenti **piccoli**
-a (fem.)	la terrazza **piccola**	le terrazze **piccole**
-e (masc/fem.)	l'appartamento **grande** la terrazza **grande**	gli appartamenti **grandi** le terrazze **grandi**

Note that if an adjective ends in **-e** in the singular (**grande**, **facile**, **scozzese**, etc.) it doesn't change in the feminine. In the plural **-e** always changes to **-i**.

An irregular adjective: bello

When **bello** (*beautiful, lovely*) is followed by a noun, it behaves exactly like the article **l'**:

Che **bell'**albergo!	*What a lovely hotel!*	**l'**albergo
Che **bella** fontana!	*What a beautiful fountain!*	**la** fontana
Che **bel** quadro!	*What a lovely picture!*	**il** quadro

Possessives

In Italian, you always need to:
- Make the possessive adjective agree with the gender and number of the noun it refers to.
- Put the article (**il**, **lo**, **la**, **l'**) before the possessive adjective.*

Singular words		Plural words	
il mio libro (m.)	*my book*	**i miei** libri	*my books*
la mia macchina (f.)	*my car*	**le mie** macchine	*my cars*
il tuo libro (m.)	*your book*	**i tuoi** libri	*your books*
la tua macchina (f.)	*your car*	**le tue** macchine	*your cars*
il suo libro (m.)	*his/her book*	**i suoi** libri	*his/her books*
la sua macchina (f.)	*his/her car*	**le sue** macchine	*his/her cars*
il nostro libro	*our books*	**i nostri** libri	*our books*
la nostra macchina	*our car*	**le nostre** macchine	*our cars*
il vostro libro	*your book*	**i vostri** libri	*your books*
la vostra macchina	*your car*	**le vostri** macchine	*your cars*
il loro libro	*their book*	**i loro** libri	*their books*
la loro macchina	*their car*	**le loro** macchine	*their cars*

* There is one exception: don't use the article for a singular member of your family: **mia** sorella, **mio** padre

Demonstratives

questo / questa *this*   **questi / queste** *those*

These have the same endings as other adjectives and agree with the nouns they accompany in the same way:

quest**o** libr**o**   quest**i** libr**i**
quest**a** macchin**a**   quest**e** macchin**e**

Prepositions

Here's a list of some of the most common prepositions and their uses:

a	*at*	Abito **a** Roma
	to	Vado **a** Roma
da	*from*	Vengo **da** Roma
	since	Lavoro qui **da** gennaio
	for	Abito qui **da** due anni
di	*of*	la casa **di** mio fratello
		un cappotto **di** lana
	than	Marco è più bello **di** Marcello

in	*in*	Abito **in** Italia, **in** Puglia
	to	**in** centro
	by	**in** treno, **in** bicicletta
con	*with*	Esco **con** Giovanni
per	*for*	un biglietto **per** il teatro
senza	*without*	caffè **senza** zucchero
sotto	*under, below*	la penna è **sotto** la sedia
su	*on, above*	Volo **su** Napoli
tra/fra	*between, among*	traffico **tra** Milano e Torino
	in (time)	Arrivo **tra** quattro giorni

Note: to say where you live, you use **in** for the country and area, and **a** for the town or city.

Some prepositional phrases

a destra di	*on the right of*	vicino a	*near to*
a sinistra di	*on the left of*	lontano da	*far from*
in fondo a	*at the end of*		
davanti a	*in front of*		
accanto a	*beside*		
intorno a	*around*		
di fronte a	*opposite*		

The following prepositions combine with the definite articles to form combined prepositions:

Combined prepositions

	il	*lo*	*l'*	*la*	*i*	*gli*	*le*
a *at, to*	al	allo	all'	alla	ai	agli	alle
da *from, by*	dal	dallo	dall'	dalla	dai	dagli	dalle
su *on*	sul	sullo	sull'	sulla	sui	sugli	sulle
di *of*	del	dello	dell'	della	dei	degli	delle
in *in, at*	nel	nello	nell'	nella	nei	negli	nelle

Vado **al** cinema.	*I'm going to the cinema.*
Vado **alla** piscina.	*I'm going to the swimming pool.*
Il libro **del** signore ...	*The man's book ...*
Il libro **della** signora ...	*The woman's book ...*
è **sul** tavolo ...	*is on the table ...*
è **sullo** scaffale ...	*is on the bookshelf ...*
nel soggiorno	*in the living room*
nella cucina	*in the kitchen*

Comparison

Più *more, bigger, smaller etc.*
More + adjective *than* + noun: **più ... di**
Paola è **più** bella **di** Jessica.   *Paola is more beautiful than Jessica.*
Lei ha i capelli **più** lunghi di **lui**.   *Her hair is longer than his.*
Gli uomini sono **più** vanitosi **delle** donne.   *Men are vainer than women.*

Meno *less*
Less + *adjective than* + noun: **meno ... di**
Paola è **meno** bella **di** Jessica.   *Paola is less beautiful than Jessica.*
Lei è **meno** alta **di** lui.   *She is less tall than him.*
I gatti sono **meno** intelligenti **dei** cani.   *Cats are less intelligent than dogs*

Tanto ... quanto   *as ... as*
As + *adjective as* + noun: **tanto ... quanto**
Paola è **tanto** bella **quanto** Jessica.
Le ragazze sono **tanto** felici **quanto** i ragazzi.

Verbs

Subject pronouns

io	*I*	**noi**	*we*
tu	*you (sing.)*	**voi**	*you (plural)*
lui/lei	*he/she*	**loro**	*they*
Lei	*you (formal)*		

It is not usually necessary to use subject pronouns **io, tu** (*I, you*), etc., since the subject of the verb is shown by the verb ending. You can just say **sono italiano**, for example, instead of **io sono italiano**. However these pronouns are sometimes used, e.g. for emphasis.

Lei / tu: In formal situations or when people have never met before, Italians generally use **Lei** for *you*. When it is used in this way, it is usually written with a capital letter: The **Lei** form follows the same verb endings as **lui/lei** (*he/she*). Nowadays the tendency among young people is to use the **tu** (*informal you*) form almost all the time.

Verb groups

There are three main groups of regular verbs, classified by their infinitives or dictionary form:
-are   e.g. **lavorare** (*to work*), **mangiare** (*to eat*), **chiamare** (*to call*)
-ere   e.g. **prendere** (*to take*), **mettere** (*to put*), **chiedere** (*to ask*)
-ire   e.g. **dormire** (*to sleep*), **partire** (*to leave*), **finire** (*to finish*)

Present tense

The present tense in Italian is used to say what happens in general and what is happening now. It can also be used to express the immediate future.

Regular verbs

	-ARE	-ERE	-IRE	
	lavorare	**prendere**	**dormire**	**finire***
(io)	lavor**o**	prend**o**	dorm**o**	fin**isco**
(tu)	lavor**i**	prend**i**	dorm**i**	fin**isci**
(lui/lei/Lei)	lavor**a**	prend**e**	dorm**e**	fin**isce**
(noi)	lavor**iamo**	prend**iamo**	dorm**iamo**	fin**iamo**
(voi)	lavor**ate**	prend**ete**	dorm**ite**	fin**ite**
(loro)	lavor**ano**	prend**ono**	dorm**ono**	fin**iscono**

*NB Verbs such as **finire**, **preferire** (*to prefer*) and **capire** (*to understand*) add **-isc** before the endings of all except for the **noi** and **voi** forms.

Reflexive verbs

In their infinitive forms, reflexive verbs all end with **-arsi**, **-ersi**, **-irsi**. They are just like other regular verbs, but you have to add the reflexive pronoun (**mi**, **ti**, **si** for the singular, **ci**, **vi**, **si** for the plural) in front of the verb, as shown below.

	lavarsi (*to wash*)	**perdersi** (*to get lost*)	**vestirsi** (*to get dressed*)
(io)	**mi** lavo	**mi** perdo	**mi** vesto
(tu)	**ti** lavi	**ti** perdi	**ti** vesti
(lei/lui/Lei)	**si** lava	**si** perde	**si** veste
(noi)	**ci** laviamo	**ci** perdiamo	**ci** vestiamo
(voi)	**vi** lavate	**vi** perdete	**vi** vestite
(loro)	**si** lavano	**si** perdono	**si** vestono

Irregular verbs

	essere (*to be*)	**avere** (*to have*)
(io)	sono	ho
(tu)	sei	hai
(lui/lei/Lei)	è	ha
(noi)	siamo	abbiamo
(voi)	siete	avete
(loro)	sono	hanno

	fare (*to do*)	andare (*to go*)	uscire (*to go out*)
(io)	faccio	vado	esco
(tu)	fai	vai	esci
(lui/lei/Lei)	fa	va	esce
(noi)	facciamo	andiamo	usciamo
(voi)	fate	andate	uscite
(loro)	fanno	vanno	escono

Modal verbs

	potere (*to be able, can*)	volere (*to want*)	dovere (*to have to*)
(io)	posso	voglio	devo
(tu)	puoi	vuoi	devi
(lui/lei/Lei)	può	vuole	deve
(noi)	possiamo	vogliamo	dobbiamo
(voi)	potete	volete	dovete
(loro)	possono	vogliono	devono

Piacere (*to like*)

Literally, **piacere** means *to please*. It only has two forms in the present tense: **piace** (*singular*) and **piacciono** (*plural*). To ask 'Do you like …?', you say **Ti piace** …? (literally, *Does … please you?*) You can reply:
Sì, mi piace or **No, non mi piace**.
Mi piace … or **Non mi piace** … can be followed by a noun or a verb.

Mi piace la pizza.	*I like pizza.*
Mi piace viaggiare.	*I like travelling.*

If what you like is a plural word or you like more than one thing, you use the plural form: **mi piacciono**:

Ti piacciono gli spaghetti?	*Do you like spaghetti?*
Mi piacciono i funghi.	*I like mushrooms.*
Mi piacciono il gelato e la pizza.	*I like ice cream and pizza.*

The person doing the liking is expressed by an indirect object pronoun **mi, ti, gli, le** etc. (see list on p185).
Le piace il suo lavoro.　　　　　*She likes her job.*

'Si' impersonale

To say 'one thinks' or 'you / people / they think that …', you use **si** + third person singular: **Si pensa che** …
This construction is called in Italian the '**si impersonale**'.

-are verbs	si mangia	*one eats*
-ere verbs	si prende	*one takes*
-ire verbs	si dorme	*one sleeps*
	si finisce	*one finishes*
Irregular verbs:	si va	*one goes*
	si fa	*one makes, does*
	si può	*one can*
	si deve	*one has to/must*

Passato prossimo (present perfect)

The **passato prossimo** tense is used to talk about past actions, both those which still have some connection with the present and those describing an action in the more distant past:

Ho visitato Napoli oggi.	*I visited Naples today.*
Ho visitato Londra dieci anni fa.	*I vistited London ten years ago.*

The **passato prossimo** has the same structure as the English present perfect tense:

subject + part of **avere / essere** + past participle:

Io **ho** lavorato	I have worked, I worked
Io **sono** andato	I have gone, I went

Regular past participles are formed as follows:

	infinitive	*past participle*
verbs in **-are**	mang**iare**	mang**iato**
verbs in **-ere**	vend**ere**	vend**uto**
verbs in **-ire**	dorm**ire**	dorm**ito**

The following verbs have irregular past participles:

essere (*to be*)	**stato**	dire (*to say, tell*)	**detto**
avere (*to have*)	**avuto**	perdere (*to miss*)	**perso**
vedere (*to see*)	**visto**	prendere (*to take*)	**preso**
rimanere (*to stay*)	**rimasto**	scegliere (*to choose*)	**scelto**
fare (*to do*)	**fatto**		

Most verbs in the **passato prossimo** work with **avere**:

Io **ho mangiato** una mela ieri.	*Yesterday I ate an apple.*
Margherita, **hai dormito** bene?	*Margherita, have you slept well?*
Marco **ha venduto** la macchina l'anno scorso.	*Marco sold his car last year.*

But verbs of movement such as **andare** (*to go*), **venire** (*to come*), **tornare** (*to return*), the verb **essere** (to be) itself and all reflexive verbs such as **riposarsi** (*to rest*) work with **essere**:

Io **sono andato** al cinema.	*I went to the cinema.*
Sei tornato tardi?	*Did you come back late?*
Luigi **è venuto** in treno.	*Luigi came by train.*

When used with the verb **essere**, the past participle must agree with the subject, i.e. it behaves like an adjective.

Francesco **è andato** al cinema.	*Francesco went to the cinema.*
Marta **è andata** a teatro.	*Marta went to the theatre.*
Gabriele e Maddalena **sono usciti**.	*Gabriele and Maddalena went out.*

Future tense

The future tense is formed by dropping the final **-e** of the infinitive and adding the future endings. Remember that **-are** verbs change the **a** to **e** which makes the endings identical to the **-ere** verbs.

	-ARE verbs	*-ERE verbs*	*-IRE verbs*
	lavorare	**prendere**	**dormire**
(io)	lavorer**ò**	prender**ò**	dormir**ò**
(tu)	lavorer**ai**	prender**ai**	dormir**ai**
(lui/lei/Lei)	lavorer**à**	prender**à**	dormir**à**
(noi)	lavorer**emo**	prender**emo**	dormir**emo**
(voi)	lavorer**ete**	prender**ete**	dormir**ete**
(loro)	lavorer**anno**	prender**anno**	dormir**anno**

Irregular verbs

Both **essere** and **avere** as well as **fare** have irregular stems in the future tense:

	essere	**avere**	**fare**
(io)	sarò	avrò	farò
(tu)	sarai	avrai	farai
(lui/lei/Lei)	sarà	avrà	farà
(noi)	saremo	avremo	faremo
(voi)	sarete	avrete	farete
(loro)	saranno	avranno	faranno

Dovere, potere and **volere** also have irregular stems in the future tense:

	dovere	**potere**	**volere**
(io)	dovrò	potrò	vorrò
(tu)	dovrai	potrai	vorrai
(lui/lei/Lei)	dovrà	potrà	vorrà
(noi)	dovremo	potremo	vorremo
(voi)	dovrete	potrete	vorrete
(loro)	dovranno	potranno	vorranno

Some other verbs are also irregular in the future: e.g. **andare – andrò**, **rimanere – rimarrò**, and **venire – verrò**.

Imperatives

Tu and *voi* forms

The imperative is generally used to give directions, suggestions, recommendations and orders.
Apart from the **tu** form of **-are** verbs, all the endings are the same as those of the present tense:

		tu form	*voi* form	
-are verbs:	mangiare	**Mangia!**	**Mangiate!**	*Eat!*
-ere verbs:	prendere	**Prendi!**	**Prendete!**	*Take!*
-ire verbs:	dormire	**Dormi!**	**Dormite!**	*Sleep!*

The negative **tu** form is **non** + infinitive:

Non prendere l'autobus!	*Don't take the bus!*
Non uscire questa sera!	*Don't go out this tonight!*
Non mangiare i funghi!	*Don't eat the mushrooms!*

The negative **voi** form is **non** + **voi** form:

Non mangiate!	*Don't eat!*
Non prendete!	*Don't take!*
Non dormite!	*Don't sleep*

Note these irregular imperatives:

andare:	**Vai!**	**Andate!**	*Go!*
dire:	**Dì!**	**Dite!**	*Tell!*
fare:	**Fai!**	**Fate!**	*Do!*

Lei form

The polite **Lei** form of the imperative is used to give directions or instructions to strangers.
For **-are** verbs it is formed with the ending **-i**, and for **-ere** and **-ire** verbs the ending is **-a**.

-are verbs:	ascoltare	**Ascolti!**
-ere verbs:	prendere	**Prenda!**
-ire verbs:	sentire	**Senta!**

Most verbs that are irregular in the present tense form the **Lei** imperative by changing the **-o** of the first person singular into **-a**:

	Present tense	*Lei* imperative
andare:	io vado	**Vada!**
dicere:	io dico	**Dica!**
fare:	io faccio	**Faccia!**
venire:	Io vengo	**Venga!**

The negative of the **Lei** imperative is very simple. Just add **non** before the verb form: **Non vada! Non prenda! Non faccia!**

Negatives

Non is used to make any sentence negative. It is normally positioned right before the verb:

Non mi piace andare al cinema.	*I don't like going to the cinema.*
Non mi piace per niente.	*I don't like it at all.*
Non ho fame.	*I'm not hungry.*
Non c'è una piscina.	*There isn't a swimming pool.*
Non l'ho incontrato	*I didn't meet him.*

For *neither … nor* use a double negative:

non + né … né	Non ho né fratelli né sorelle.
Never is **non** + **mai**:	Non vado mai allo stadio.

Interrogatives

Here are some useful question words:

Che/Che cosa?	What?	Che lavoro fai?	What work do you do?
		A che ora?	At what time?
Come?	How?	Come si chiama?	What's your name?
Dove?	Where?	Dove abiti?	Where do you live?
Quanto?	How much?	Da quanto tempo lavori lì?	How long have you worked there?
Ogni quanto?	How often?	Ogni quanto fai la spesa?	How often do you go shopping?
		Quanto costa?	How much does it cost?
Quando?	When?	Quando arriva?	When does he arrive?
Perchè?	Why?	Perchè non telefoni?	Why don't you call?

Adverbs of time

Here are some common adverbs of frequency:

sempre	always	quasi mai	rarely, almost never
spesso	often	mai	never
qualche volta	sometimes	ogni quanto?	how often?
ogni tanto	every now and then		

Object pronouns

Direct object pronouns

Direct object pronouns are used to replace nouns. Here is the complete list:

mi	me	ci	us
ti	you	vi	you (plural)
lo	him / it (masc.)	li	them (masculine)
la	her / it (fem.) / you (formal)	le	them (feminine)

Ti aspetto ancora.   *I'm still waiting for you.*
L' incontro domani.   *I'm meeting him / her tomorrow.*

The object pronoun always comes before the verb except when the verb is in the imperative or the infinitive form:

Aspetta**mi**!   *Wait for me!*
Non posso aspettar**ti**.   *I can't wait for you.*

When using a direct object pronoun before a **passato prossimo** with **avere**, the ending of the participle must agree with the third person pronoun (**lo, la, li** or **le**).

Pronoun	Verb	
lo	ho incontrato	*I met him*
la	ho incontrata	*I met her*
li	ho incontrati	*I met them (masc.)*
le	ho incontrate	*I met them (fem.)*

The vowels of the pronoun **lo** and **la** are elided with the following vowel: **L'**ho incontrato / **L'**ho incontrata. But **li** and **le** do not elide: **Li** ho incontrati. **Le** ho viste.

Indirect object pronouns

A number of verbs in Italian are followed by the preposition **a** before a person, e.g. **Telefono a Paolo** (*I'll phone Paolo*). With these verbs, when a pronoun stands in for the person, you use an indirect object pronoun rather than a direct one. Indirect object pronouns are the same as direct object ones except in the third person:

Direct object	Indirect object	
lo	gli	*to him*
la	le	*to her*
li	(gli) a loro	*to them*
le	(gli) a loro	*to them*

Telefono **a** Paolo: **gli** telefono	*I'm phoning him.*
Telefoniamo a Maria: **le** telefoniamo	*We're phoning her.*

Other similar verbs include: **dare** (*to give*), **dire** (*to say, tell*), **scrivere** (*to write*), **mandare** (*to send*), **offrire** (*to offer*).

Gli ho dato il libro.	*I have given him the book.*
Le ho scritto una lettera.	*I wrote her a letter.*

In addition, a number of verbs used impersonally also use the indirect object pronouns. These verbs include **piacere** (*to like*) and **interessare** (*to be interested in*).

Non **le** piace la musica.	*She doesn't like the music.*
Gli interessa la politica.	*He's interested in politics.*

Numbers

Cardinal

0	zero	10	dieci	24	ventiquattro	90	novanta
1	uno	11	undici	25	venticinque	100	cento
2	due	12	dodici	26	ventisei	106	centosei
3	tre	13	tredici	27	ventisette	200	duecento
4	quattro	14	quattordici	28	ventotto	230	duecentotrenta
5	cinque	15	quindici	29	ventinove	300	trecento
6	sei	16	sedici	30	trenta		etc.
7	sette	17	diciassette	31	trentuno	1000	mille
8	otto	18	diciotto	40	quaranta	1015	mille(e)quindici
9	nove	19	diciannove	50	cinquanta	1300	milletrecento
		20	venti	60	sessanta	1682	milleseicentot-
		21	ventuno	70	settanta		tantadue
		22	ventitre	80	ottanta	2000	duemila etc.

Ordinal

1st	1°	primo	6th	6°	sesto
2nd	2°	secondo	7th	7°	settimo
3rd	3°	terzo	8th	8°	ottavo
4th	4°	quarto	9th	9°	nono
5th	5°	quinto	10th	10°	decimo

From 11th on, add the ending **-esimo**: unidicesimo, dodicesimo, trentesimo, centesimo etc.

Ordinal numbers are adjectives. As such, the ending depends on the gender of the following noun:
il **primo** piano la **seconda** casa

Time

To tell the time, the plural **sono** + **le** + the time is used for all hours except for **una** (*one o'clock*), **mezzogiorno** (*midday*), **mezzanotte** (*midnight*).

Time o'clock:	9:00	Sono le nove.
		but
	1:00	È l'una.
	12:00	È mezzogiorno.
		È mezzanotte.
Ten past:	9:10	Sono le nove **e** dieci..
Quarter past:	9:15	Sono le nove **e** quindici. *or*
		Sono le nove **e** un quarto.
Half past:	9:30	Sono le nove **e** trenta. *or*
		Sono le nove **e** mezza.
Quarter to:	9:45	Sono le nove **e** quarantacinque. *or*
		Sono le dieci **meno** un quarto.
Ten to:	9:50	Sono le nove **e** cinquanta. *or*
		Sono le dieci **meno** dieci.
At nine o'clock:		**Alle** nove.
From nine o'clock:		**Dalle** nove.

Days of the week

lunedì	*Monday*	venerdì	*Friday*
martedì	*Tuesday*	sabato	*Saturday*
mercoledì	*Wednesday*	domenica	*Sunday*
giovedì	*Thursday*		

Days of the week are all masculine except for Sunday.
Il lunedì means on *Mondays*, but **lunedì** means *next Monday*.

Months/seasons

gennaio	*January*	maggio	*May*	settembre	*September*	inverno	*winter*
febbraio	*February*	giugno	*June*	ottobre	*October*	primavera	*spring*
marzo	*March*	luglio	*July*	novembre	*November*	estate (f.)	*summer*
aprile	*April*	agosto	*August*	dicembre	*December*	autunno	*autumn*

ITALIAN-ENGLISH WORDLIST

These wordlists give the Italian words and phrases appearing in the course in alphabetical order (Italian–English and English–Italian), together with the unit number(s) in which they are presented.

A

a	at, in, to	1, 5
a destra *(di)*	on the right (of)	5
a due passi	very close	10
a piedi	on foot	6
a righe	striped	9
a sinistra *(di)*	on the left (of)	5
a tuo agio	at your ease	9
abbastanza	enough	8
abbinare	match, to	9
abbonarsi	subscribe, to	9
abitante *(m/f)*	inhabitant	6
abitare	live, to	1, 3
abito	dress, suit	8
abito da sera	evening dress	9
abitudinario	creature of habit	8
abitudine *(f)*	habit, custom	9
accanto a	beside, near to	5
acceso	switched on, turned on	7
accettare	accept, to	10
accompagnare	accompany, to	3
acqua minerale	mineral water	2
aderente	close-fitting	9
addirittura	really, absolutely	9
addormentarsi	to go to sleep	4
aereo	aeroplane	6
affermare	to maintain	10
affidabile	reliable	8
affilato/a	pointed, sharp	8
affittare	rent, to	5

agenzia di viaggi	travel agency	3
agosto	August	7
ai ferri	grilled	2
alle	at (time)	3
allontanarsi	go away, to	7
allora	so …, well …	2
alto/a	tall	8
alzarsi	get up, to	3
amare	love, to	3
amato/a	beloved	3
anagrafe *(f)*	registration office	8
andare	go, to	3, 4, 7
andare a gonfie vele	be going perfectly	10
andare a lavorare	go to work, to	3
andare a trovare	visit (a person), to	9
andare fuori a cena	go out for dinner, to	4
anno	year	3
anziano/a	old	5, 8
aperitivo	aperitif	2, 6
appartamento	flat	5
aprile *(m)*	April	7
arancia	orange	2
aranciata	orangeade	2
argentino/a	Argentinian	1
argento	silver	8
armadio	wardrobe	5
armato/a	armed	7
arrabbiarsi	get angry, to	4
arredato/a	furnished	5
arrivare	arrive, to	6

arrivederci	goodbye	1
artista *(m/f)*	artist	3
asciugamano	towel	7
ascoltare	listen to, to	4
asilo	nursery school	4
aspettare	wait (for), to	7
assaggiare	taste, to	9
atteggiamento	attitude	9
attivo/a	active	7
attore/trice *(m/f)*	actor/actress	3
attraversare	cross, to	6
attrezzato/a	equipped	7
australiano/a	Australian	1
aumento	increase	10
automobile *(f)*	car	3
autobus *(m)*	autobus	6
autunno	autumn	4, 7
avere	have, to	2
avere bisogno	need, to	6
avere fame	be hungry, to	2
avere freddo	be cold, to	2
avere la febbre	have a fever, to	10
avere il raffreddore	have a cold, to	10
avere mal di …	have a pain in, to	10
avere sete	be thirsty, to	2
avere una fame da lupo	to be as hungry as a wolf	9
avventuroso/a	adventurous	7
avvicinare	approach, to	7
avvocato	lawyer	3, 4
azzurro/a	light blue	8

B

baffi	moustache	8
bagno	bathroom	5
balcone *(m)*	balcony	5
ballare	dance, to	4
bambino	child	3
barba	beard	8
barbiere *(m)*	barber	5
barca	boat	4
basso/a	short	8
bello/a	beautiful	6
bene	good, well	1
benestante	wealthy	6
bere	drink, to	2
bevanda	(soft) drink	2
biancheria intima	underwear	9
bianco/a	white	2
biblioteca	library	7
bibliotecario/a	librarian	8
bicchiere *(m)*	glass	2
bicicletta	bike	6
biglietteria	ticket office	6
biglietto	ticket	6
binario	platform	6
biondo/a	blond	8
birra	beer	2
bisogna	one needs to	10
bisogno	need	10
borsa	bag; money market	4
borsa	bag	9
bottiglia	bottle	2
bottino	booty, spoils	8
brano	piece, passage	7
branzino	sea-bass	2
brasiliano/a	Brazilian	1
briciola	crumb	9
brillare	shine, to	10
buio/a	dark	5
buona giornata	have a nice day	9
buonanotte	goodnight	1
buonasera	good evening	1
buongiorno	good morning	1

C

c'è	there is	5
c'è caldo	it's hot	10
c'è freddo	it's cold	10
cabina telefonica	public telephone box	6
cadere	fall, to	7
caffè *(m)*	coffee	2

calciatore *(m)*	footballer	3
cambiare	change, to	6
camera	room	5
camera da letto	bedroom	5
camicetta	blouse	9
camicia	shirt	9
camicia da notte	night dress	9
camminare	walk, to	4
cane	dog	8
cannuccia	straw	2
cantina	cellar	5
canzone *(f)*	song	4
caparra	deposit, down payment	7
capelli *(mpl)*	hair	8
capire	understand, to	4
capo	boss	10
capoluogo	chief town	9
cappuccino	cappuccino	2
carne *(f)*	meat	2
carota	carrot	2
carta di credito	credit card	2
cartello	sign	6
casa	house, home	3
cassa	box	5
casco	helmet	9
cassaforte *(f)*	safe	8
cassetta delle lettere	letter box	6
castano/a	chestnut brown	8
cattedrale *(f)*	cathedral	6
celebrazione *(f)*	celebration	6
celebre	famous	3
cellulare *(m)*	mobile phone	9
cemento	concrete	5
cercare	look for, to	5
cercasi	wanted	5
certo!	certainly, sure!	2
che? che cosa?	what?	2
chiacchierare	chat, to	5
chiacchierone	talkative	7
chiamare	call, to	1, 7
chiamarsi	be called, to	3
chiarimento	explanation	8
chiedere	ask, to	1, 6
chiesa	church	6
chilo	kilo	2
chiuso/a	shut; finished	6
ci sono	there are	5
ciao	hello/bye/see you	1

cibo	food	2
cioccolata	hot chocolate, chocolate bar	2
cipolla	onion	2
circo	circus	2
circondare	surround, to	7
citazione *(f)*	quotation	9
città	city, town	6
coetaneo	same age as	9
cognata	sister-in-law	6
colazione *(f)*	breakfast	7
collega *(m/f)*	colleague	3
colloquio	interview	6
colpevole	guilty	8
colpo	shot	8
come?	how?	1
come si scrive?	how do you spell it?	1
come stai ?	how are you?	4, 10
come ti chiami?	what's your name?	1
cominciare	to begin	3
comizio	meeting	6
commesso/a	shop assistant	3, 4
comodo/a	comfortable	9
comportare	bring, involve, to	9
comportarsi	behave, to	2
comprare	buy, to	4
comprende i pasti	meals included	7
computer portatile *(m)*	laptop	5
con	with	4
condominio	block of flats	5
confezione *(f)*	pack	2
conoscere	know, be acquainted with, to	7
conto	bill	2
corridoio	corridor	5
corto/a	short	8
cosa	thing	2
cosa prendi?	what will you have?	2
costare	cost, to	2
costruzione *(f)*	construction	6
cravatta	tie	9
cucina	kitchen	5
cucinare	cook, to	5
curioso/a	curious	7
cuscino	cushion	5

D

d'accordo	agreed	6
da	from; to the house of	5

da quanto tempo	how long	3
dal vero	in reality	10
dal vivo	live (performance)	9
dare	give, to	5
dare su	look out onto, to	5
davanti a	opposite	5
davvero?	really?	8
dccina	about ten	9
dentista (m/f)	dentist	3, 5
descrivere	describe, to	8
desiderare	wish, to	2
desiderio	desire	9
destro/a	right-hand	5
di	of, from	1
di dove sei?	where are you from?	1
di fronte a	in front of	5
di vecchia data	long-standing	10
dicembre (m)	December	7
dichiarazione (f)	statement	8
dimagrire	lose weight, to	6
dipendere	depend, to	10
dimenticarsi	forget, to	10
diminuzione (f)	decrease	10
dire	say, to	7
discussione (f)	argument, discussion	7
disdire	cancel, to	10
disegno	drawing	5
ditta	firm, company	3
ditta di viaggi	travel company	3
diventare	become, to	7
divertente	amusing, enjoyable	3
doccia	shower	5
domani	tomorrow	10
domenica	Sunday	4
dopo	after	6
doppio/a	double	7
dormire	sleep, to	3, 4
dovere	must, have to, to	5
dove?	where?	1
dovunque	everywhere	10
duomo	cathedral	6
durare	last, to	9

E

e	and	1
e mezza/o	half past	3
ecco a Lei	here you are	6
edicola	newspaper kiosk	6
elefante (m)	elephant	8
elegante	elegant	6
enorme	huge, enormous	5
entrambi/e	both	10
esplodere	explode, to	10
essere	be, to	1
essere d'accordo	agree, to	9
estate (f)	summer	7
estroverso/a	extrovert	7
etto	100 grams	2
euro	euro	2
evitare	avoid, to	10

F

fa caldo	it's hot	10
fa freddo	it's cold	10
fa bel tempo	the weather is fine	10
fama	reputation, name	9
fare	do, to	3, 4, 7
fare colazione	have breakfast, to	3
fare finta di	pretend, to	9
fare la doccia	have a shower, to	3
fare la spesa	do the shopping	4
farmacista (m/f)	pharmacist	3
faticoso/a	tiring	10
fazzoletto	handkerchief	9
febbraio	February	7
febbre (f)	temperature, fever	10
fcrmata	stop	6
ferro battuto	wrought iron	5
figlio/a	son/daughter	4
fine (f)	end	6
finestra	window	5
finire	finish, to	1
finlandese	Finnish	1
fino a tardi	till late	4
fiorista (m/f)	florist	3, 5
fisioterapista (m/f)	physiotherapist	3
fitto/a	heavy	10
forchetta	fork	2

fornaio	baker	2
fornello	cooker	9
fotografia	photography	5
fotografo	photographer	3
francese	French	1
fra	between	5
fratello	brother	4
freddo/a	cold	5
fregatura	rip-off	10
frenetico/a	hectic	6
fuggire	flee, to	8
fumare	smoke, to	9
fungo	mushroom	7
fuori	out, outside	4
furto	robbery	8

G

galateo	manners, etiquette	7, 9
gelato	ice cream	2
gemello	twin brother	4
generoso/a	generous	6
genitori (mpl)	parents	4
gennaio	January	7
gentile	kind	7
ghiaccio	ice	10
già	already	7
giacca	jacket	9
giallo/a	yellow	10
giapponese	Japanese	1
giardinaggio	gardening	3
giardino	garden	4
giornale (m)	newspaper	2
giornalista (m/f)	journalist	3
gioielli (mpl)	jewels	8
giornata	day	9
giorno	day	1
giovane	young	8
giovedì	Thursday	4
girare	turn, to	6
giro	tour	9
giugno	June	7
gnocchi (mpl)	gnocchi	2
godersi	enjoy, to	6
gonna	skirt	9
grado	degree	10
grande	big	2, 5

grazie	thank you	1
greco/a	Greek	1
grigio/a	grey	8
guadagnare	earn, to	9
guardare	look at, to	6
guida turistica (m/f)	tourist guide	3

I

ieri	yesterday	7
imparare	learn, to	4
impedire	prevent, to	10
impegnato/a	busy	6
impianto stereo	stereo system	5
impiegato/a	employee	6
imponente	imposing	6
imprenditore (m)	businessman	8
in	in, at	1
in aereo	by plane	6
in alternativa	alternatively	10
in auto	by car	3
in autobus	by bus	6
in bicicletta	by bike	6
in bocca al lupo!	good luck!	4
in centro	in the city centre	3
in fondo a	at the back of	5
in fondo alla via	at the end of the road	6
in mezzo a	in the middle of	5
in punto	o' clock	3
in treno	by train	6
incontrarsi	meet up, to	4
incontro	meeting	8
indagine (f)	investigation, inquiry	8
indiano/a	Indian	1
indimenticabile	unforgettable	8
indugiare	take one's time, to	9
infastidire	annoy, to	9
infine	at last	8
informazioni (mpl)	information	8
ingegnere (m/f)	engineer	3, 4
inglese	English	1
ingrassare	put on weight, to	10
ingresso	hall	5
iniziare	begin, start, to	4
innamorato/a	in love	7
insegnante (m/f)	teacher	3
insieme	together	4
intendersi	know a lot about, to	9
interessante	interesting	3

interessarsi	be interested in, to	9
interessato/a	interested	7
intonato/a	matching	9
intorno a	around	5
introverso/a	introvert	7
invece	instead, on the other hand	2
inverno	winter	4, 7
invidiare	envy, to	10
irlandese	Irish	1
irritabile	irritable	6
ispettore	inspector	8
italiano/a	Italian	1, 3

L

lampada	lamp	5
largo/a	large, wide	9
lasagne (fpl)	lasagne	2
lasciare	leave, let, allow, to	7
lato	side	5
latte (m)	milk	2
lattuga	lettuce	2
laurea	degree	9
laurearsi	graduate, to	9
lavarsi	wash, to (yourself)	4
lavello	sink	5
lavorare	work, to	1, 3, 7
lavoro	job	3
leggere	read, to	4
lentamente	slowly	1
letteratura	literature	4
Lettere	Arts (degree)	9
letto	bed	7
letto a castello	bunk bed	7
libero/a	free	4
libreria	bookshop	6
libro	book	5
libro giallo	detective novel	4,9
limonata	lemonade	2
linea	line	6
liscio/a	straight	8
litigare	argue, to	9
livello	level	7
lontano (da)	far (from)	6
luglio	July	7
luminoso/a	bright	5
lunedì	Monday	4
lungo/a	long	2
lusso	luxury	9
lussuoso/a	luxurious	5

M

ma	but	1
macchina	car	2
madre	mother	4
magari	perhaps	10
maggio	May	7
maglietta	t-shirt	9
maglione (m)	sweater, jumper	9
magro/a	slim, thin	8
mai	never	4
mal di stomaco	stomach ache	10
mal di testa	headache	10
mamma	mum	4
mancia	tip	2
mangiare	eat, to	1
manifestazione (f)	demonstration	6
manoscritto	manuscript	8
manzo	beef	2
mare (m)	sea	4
marito	husband	4
martedì	Tuesday	4
marzo	march	7
matita	pencil	7
matrimonio	wedding	9
mattina, mattino	morning	3
medicina	medicine	4
medico	doctor, GP	3, 5
meglio	better	10
meno (di)	minus, less (than)	2, 8
mercoledì	Wednesday	4
meteorologia	meteorology	10
metropolitana	tube, underground	6
mettere	put, to	1
mettere in ordine	tidy up, to	4
mettersi	put on , wear, to	3
mezzo	half, middle	2, 3
mi dispiace	I'm sorry	4
migliore	better	8
mille grazie	many thanks	8
minacciare	threaten, to	8
mio/a	my	4
moderno	modern	5
moglie (f)	wife	4
molto	much	4
molti/e	many	5
monolocale (m)	studio flat	5
mostrare	show, to	9
moto	motorbike	9
motorino	motor-scooter	9

mozzicone *(m)*	cigarette stub	7
multa	fine	7
muoversi	move around, to	9
muratore *(m)*	builder	3
musicista *(m/f)*	musician	4

N

nascere	be born, to	10
né … né	neither … nor	4
nebbia	fog	10
negozio	shop	4
neppure	not even	9
nessun/a	no, not one	9
nero/a	black	8
nervoso/a	nervous	6
nevicata	snowfall	10
nevicare	snow, to	10
niente	nothing	5
nipote *(m/f)*	nephew/niece; grandchild	3
nome	name	4
non	not	3
non … ancora	not yet	7
non vedo l'ora	I look forward to	4
nonno/a	grandfather/ grandmother	4
notizie *(fpl)*	news	4
novembre *(m)*	November	7
nuotare	swim, to	4, 7
nuvoloso	cloudy	10

O

obbligatorio/a	compulsory	2
obbligo	obligation	9
occhiali *(mpl)*	glasses	8
occhiali da sole	sunglasses	9
occhio	eye	7
odiare	hate, to	7
ogni quanto?	how often?	4
ogni tanto	every now and then	4
ognuno	everyone	8
ombrellone *(m)*	beach umbrella	7
ondulato/a	wavy	8
ora	time, hour; now	3, 10
ordinare	order, to	2
oro	gold	8
orologio	watch	5

ospedale *(m)*	hospital	4
ospite *(m/f)*	guest	5
ottimo	excellent	10
ottobre *(m)*	October	7
ottocento	nineteenth century	6

P

padre	father	4
paffuto/a	plump, chubby	8
pagamento	payment	2
palazzo	apartment block	5
pane *(m)*	bread	2
panettone *(m)*	brioche with sultanas	2
panino	bread roll	2
pantaloni *(mpl)*	trousers	9
papà	dad	4
parecchio	quite a lot of, several	6
parete *(f)*	wall	5
parlare	talk, to	7
parrucchiere	hairdresser's	7
partenza	departure	7
partire	leave, to	1, 7
partita	match	6
passatempo	hobby	9
passeggiata	walk	7
pasta	pasta, pastry	2
pasto	meal	7
patata	potato	2
peccato	mistake, pity	7
pedina mancante	missing piece	8
penisola	peninsula	9
pennacolo	pinnacle	6
pensare *(a)*	to think (about)	9
pensionato/a	pensioner	3
per	for	4
per cortesia	please	2
per favore	please	1
per nulla	not at all	4
per ora	for now	10
per quanto mi riguarda	as far as I'm concerned	10
perché	because	4
perdere	miss, lose, to	7
perdersi	get lost, to	4
permesso	permit	8
però	however	7

persiana avvolgibile	roller blind	5
persiana scorrevole	sliding shutter	5
pesce *(m)*	fish	2
piacere	like, to	4, 7
piacere!	nice to meet you!	1
piano	floor, storey	5
piatto	plate, dish	2, 5
piazza	square	6
picchiare	hit, beat up, to	8
piccolo/a	small	2, 5
pieno/a	full	9
pigiama *(m)*	pyjamas	9
pigro/a	lazy	5, 10
pioggia	rain	10
piovere	rain, to	10
piscina	swimming pool	4
più *(di)*	more (than)	8
pizza	pizza	2
poco	a little, not much	4
poi	then, after that	8
politica interna	internal politics	8
pollo	chicken	2
pomeriggio	afternoon	10
pomodoro	tomato	2
porta	door	5
portare	wear, carry, lead, to	5, 9
portare via	take away, to	8
portici *(mpl)*	arches, arcade	6
possedere	own, to	9
postino/a *(m/f)*	postman	3
posto	job	9
potere	can, to be able to	4
pranzare	have lunch, dinner, to	3
pranzo	lunch	2
precipitazione *(f)*	percipitation	10
preferire	prefer, to	2, 5
prego	you're welcome	1
prendere	take, to	2, 3, 6, 10
prenotare	book, to	7
prenotazione *(f)*	booking	2
preoccupato/a	worried	8
presentare un reclamo	make a complaint, to	4

previsioni del tempo	weather forecast	10	riguardare	concern, consider, to	6
prezioso/a	precious	8	rimandare	postpone, to	8
prigione (f)	prison	7	rimanere	stay, to	7
prima di	before	8	rimanere in linea	hold the line, to	7
primavera	spring	4, 7	rinascimentale	renaissance	8
primo ministro	prime minister	8	ringraziare	thank, to	9
privato/a	private	3	ripetere	repeat, to	1
procuratore (m/f)	prosecutor, barrister	9	riposo	rest	7
progettare	plan, to	8	rischio	risk	9
pronto?	hello? (on phone)	4	rispettare	respect, to	7
proprio	exactly, right	6	rispettoso/a	respectful	7
prosciutto	ham	2	ristorante (m)	restaurant	2
prossimo/a	next	10	rivelare	reveal, to	10
provare (a)	to try (to)	9	rivista	magazine	7
provincia	province	6	robusto/a	strong	8
purtroppo	unfortunately	9	rosso/a	red	2

Q

qualche volta	sometimes	4
qualcosa	something	10
qualcos'altro	something else	2
qualsiasi	whatever	8
quanto?	how much?	3
quasi mai	very rarely	4
quello/a	that	9
questo/a	this	9
quota d'iscrizione	registration fee	7
quota settimanale	weekly rate	7

rumore (m)	noise	8
rumoroso/a	noisy	5
russo/a	Russian	1
rustico	country cottage	5

S

sabato	Saturday	4
sabbia	sand	7
sala da pranzo	dining room	5
salire	get on (bus, etc.), to	7
salutare	greet, to	9
salone (m)	sitting room	5
salute (f)	health	10
salve	hi, hello	1
sapere	know, to	7
sbadigliare	yawn, to	9
scadenza	deadline	10
scadere	expire, to	8
scaffale (m)	shelf	5
scarpa	shoe	4, 9
scarpe sportive	trainers	9
scattare	release, to	9
scegliere	choose, to	7
scendere	get off, to	6
scherzare	joke, to	10
schiarire	clear, to	10
sciarpa	scarf	9
sciopero	strike	6
scomparire	disappear, to	8
scomparsa	disappearance	8
sconosciuto/a	unknown	7
sconto	discount	7
scontroso/a	grumpy	6
scorso/a	last	7
scozzese	Scottish	1

R

raccogliere	collect, to	7
radicalmente	radically	9
radio (f)	radio	4
raffreddore (m)	cold	10
raffreddare	cool, to	9
ragazzo/a	boy/ girl	2, 8
ragioniere/a	accountant	3
rapinatore (m)	robber	8
rapporto	report	9
regista (m/f)	film director	3
regola	rule	7
reperibile	available	9
restauro	restoration	10
restituire	give back, to	8
riccio/a	curly	8
ricco/a	rich	6
ricerca	piece of research	8
richiedere	request, to	8
riempire	fill, to	7
rifiuto	refusal	9

scrittore	writer	9
scrivania	desk	5
scrivere	write, to	1
scuola	school	3
scuotere	shake, to	7
scuro/a	dark	5
scusi	excuse me, sorry	2
se	if	9
secondo/a	second	5
sedere	sit, to	8
sedersi	sit down, to	8
sedia	chair	5
segno	sign	10
segreto	secret	10
seguente	following	7
seguire	follow, to	10
semaforo	traffic lights	6
semplice	simple	5
sempre	always	4
sempre dritto	straight on	6
sentire	hear/listen to; feel, to	4; 10
senza	without	9
sera, serata	evening	1, 9
sereno	clear	10
settembre (m)	September	7
serio/a	serious	9
settimana	week	7
settimanale (m)	weekly	7
sfida	challenge	8
sicurezza	confidence	8
silenzioso/a	silent	5
simbolo	symbol	6
simpatico/a	nice, pleasant	6
singolo/a	single	7
soffiare	blow, to	9,10
soggiorno	living room	5
soldi	money	10
sole (m)	sun	10
solitario/a	lonely	7
soltanto	only	6
soprattutto	especially, above all	7
sorella	sister	4
sorgere	rise up, to	6
sospetto	suspicion	8
sotto	under	5
spaghetti (mpl)	spaghetti	2
spagnolo/a	Spanish	1
specchio	mirror	2
spendere	spend, to	10
spesso	often	4

spesa	shopping	4
spiaggia	beach	7
spiegare	explain, to	10
sposarsi	get married, to	9
sposa	bride	9
sposi	married couple	7
sposo	bridegroom	9
spostare	move, shift, to	8
spumante *(m)*	sparkling wine	2
squadra	team	8
stanco/a	tired	9
stanza	room	5
stasera	this evening	4
stato	country, state	4
stazione *(f)*	station	6
stesso/a	same	6
stivali *(mpl)*	boots	9
storia	history	8
storico/a	historic	3
straniero/a	foreign	6
strano/a	strange	10
straordinario	overtime	10
stressante	stressful	3
stretto/a	tight	9
studente/essa	student	3
studiare	study, to	1
stufo/a	fed up	9
su	on	5
succedere	happen, to	8
succo di frutta	fruit juice	2
sugo	sauce, juice	2
sulla destra	on the right	6
sulla sinistra	on the left	6
suo/a	his/her	4
sveglia	waking up, alarm	7
svegliare	wake (someone), to	4, 8
svegliarsi	wake up, to	4
svolgersi	take place, to	9
svolta	development	8

T

taccuino	notepad	8
tacco	heel	9
taglia	size	9
tagliare	cut, to	2
tagliatelle	tagliatelle	2
tanto ... quanto	as ... as	8
tapparella	roller blind	5
tappeto	carpet	5
tardi	late	6
tassista *(m/f)*	taxi driver	3
tavolo	table	5
tazza	cup	2
tè *(m)*	tea	2
teatro	theatre	6
tedesco/a	German	1
telefonare	phone, to	7
telefonino	mobile phone	9
televisione	television	4
temere	fear, to	7
tempo	time/weather	4
temporale *(m)*	thunder storm	10
terrazza	balcony	5
terzo	third	5
tesoro	treasure	9
tè *(m)*	tea	8
timido/a	shy	7
togliere	take away, to	2
tornare	go back, to	3
torta	cake	8
torto/a	wrong	7
tovaglia	tablecloth	9
tovagliolo	napkin	2
tra	between	5
trascorrere	spend, pass, to	7
trasmissione *(f)*	TV programme	10
treno	train	6
troppo	too much, too many	7
trota	trout	2
trovare	find, to	7
trucco	make up	9
tuffo	dive	7
tuttavia	nevertheless	7
tutto/a	all	5
tuo/a	your	4

U

ufficio	office	6
ultimo/a	last, latest	8
un paio di	a pair of	10
un po' *(di)*	some, a little (of)	2
undici	eleven	1
uno	one	1

uova *(fpl)*	eggs	2
uscire	go out, to	3, 4, 6, 7

V

va bene	all right	2
vacanza	holiday	5
vada!	go!	6
vaso	vase	5
vecchio/a	old	4
vedere	see/look at, to	4, 7
veloce	fast	8
vendere	sell, to	4, 5, 7
venerdì	Friday	4
venire	come, to	4
vento	wind	10
ventoso	windy	7
veramente	really, truly	10
verde	green	5, 8
vero?	isn't it? don't you ? etc	1
verso	towards, about	4
vestirsi	get dressed, to	4
veterinario	veterinary	7
viaggiare	travel, to	4
viale *(m)*	avenue	6
vicino	neighbour	7
vicino a	near to, close to	5
vietare	forbid, to	9
vietato!	forbidden!	9
villa	villa	5
villetta a schiera	terraced house	5
villetta bifamiliare	semi-detached house	5
villetta unifamiliare	detached house	5
vino	wine	2
viso	face	8
visitare	visit (a place), to	4
vivere	live, to	6
voglia	wish	10
volere	want, to	2
vorrei	I'd like	2
vuotare	empty, to	9
vuoto/a	empty	8

Z

zaino	rucksack	9
zero	zero	1

ENGLISH-ITALIAN WORDLIST

A

a, an	un, uno, una, un'	2
accident	incidente	9
accept, to	accettare	10
accompany, to	accompagnare	3
accountant	ragioniere/a	3
actor/actress	attore/trice (m/f)	3
aeroplane	aereo	6
after	dopo	6
ago	fa	7
agree	essere d'accordo	9
agreed	d'accordo	6
all right	va bene	2
already	già	7
alternatively	in alternativa	10
always	sempre	4
amusing	divertente	3
and	e	1
annoy, to	infastidire	9
aperitif	aperitivo	2
approach, to	avvicinare	7
April	aprile (m)	7
Argentinian	argentino/a	1
argue, to	litigare	9
argument	discussione (f)	7
around	intorno a	5
arrive, to	arrivare	6
artist	artista (m/f)	3
as … as	tanto … quanto	8
as well	anche	4
ask, to	chiedere	1, 6
at	in, a	5
at (time)	alle	3
at last	infine	8
at least	almeno	8

at the back of	in fondo a	5
at the end of the road	in fondo alla via	6
at your ease	a tuo agio	9
attitude	atteggiamento	9
August	agosto	7
aunt	zia	4
Australian	australiano/a	1
autobus	autobus	6
autumn	autunno	4, 7
available	reperibile	9
avenue	viale (m)	6
avoid, to	evitare	10

B

bag	borsa	4, 9
baker	fornaio	2
balcony	balcone (m)/ terrazza	5
barber	barbiere (m)	5
bathroom	bagno	5
be, to	essere	1
be born, to	nascere	10
be called, to	chiamarsi	3
be cold, to	avere freddo	2
be going perfectly	andare a gonfie vele	10
be hungry, to	avere fame	2
be interested in, to	interessarsi	9
be necessary, to	bisognare	10
be thirsty, to	avere sete	2
beach	spiaggia	7
beach umbrella	ombrellone (m)	7
beard	barba	8
beautiful	bello/a	6
because	perché	4

become, to	diventare	7
bed	letto	7, 10
bedroom	camera da letto	5
beer	birra	2
begin, to	cominciare, iniziare	3
behave, to	compartarsi	
behind	indietro a	5
beloved	amato/a	3
beside, near to	accanto a	5
better	meglio, migliore	10
between	fra, tra	5
big	grande	2, 5
bike	bicicletta	6
bill	conto	2
black	nero/a	8
block of flats	condominio	5
blond	biondo/a	8
blouse	camicetta	9
blow, to	soffiare	9, 10
boat	barca	4
book	libro	5
book, to	prenotare	7
booking	prenotazione (f)	2
bookshop	libreria	6
boots	stivali	9
boss	capo	10
both	entrambi/e	10
bottle	bottiglia	2
boy	ragazzo	2
Brazilian	brasiliano/a	1
bread	pane (m)	2
breakfast	colazione (f)	7
bright	luminoso/a	5
brother	fratello	4
builder	muratore (m)	3

but	ma	1	country cottage	rustico	5	empty	vuoto/a	8
by car/by train	in auto/in treno	3	credit card	carta di credito	2	end	fine *(m)*	6

know (a fact, etc.)	sapere	7	make-up	trucco	9	noisy	rumoroso/a	5
know all about, to	intendersi	10	manuscript	manoscritto	8	not	non	3

L

English	Italian		English	Italian		English	Italian	
			March	marzo	7	not at all	per nulla	4
lamp	lampada	5	match, to	abbinare	9	not much	poco	4
laptop	computer portatile (m)	5	matching	intonato/a	9	notepad	taccuino	8
lasagne	lasagne (fpl)	2	May	maggio	7	nothing	niente	6
last	ultimo/a; scorso/a	9, 10	meat	carne (f)	2	November	novembre (m)	7
last, to	durare	9	medicine	medicina	4	nursery school	asilo	4
late	tardi	6	meet, to	incontrarsi	4			
laugh, to	ridere	9	meeting	comizio; incontro	6, 8			

O

English	Italian		English	Italian		English	Italian	
law	giurisprudenza	9	milk	latte (m)	2	obligation	obbligo	9
lawyer	avvocato	3, 4	mineral water	acqua minerale	2	o' clock	in punto	3
lazy	pigro/a	5, 10	mirror	specchio	2	October	ottobre (m)	7
lead to, to	portare	5	miss, to	perdere	7	office	ufficio	6
learn, to	imparare	4	mobile phone	cellulare (m)/ telefonino	9	often	spesso	4
leave, to	partire	1, 7	modern	moderno/a	5	old	anziano/a; vecchio/a	5
leave, to	lasciare	7	Monday	lunedì	4	on	su	5
lemonade	limonata	2	mother	madre	4	on the left (of)	a sinistra (di)	5
less (than)	meno (di)	8	motorbike	moto	9	on the right (of)	a destra (di)	5
letter-box	cassa delle lettere	6	moustache	baffi	8	opposite	di fronte a	5
lettuce	lattuga (f)	2	move, to	muoversi; spostarsi	9	orange	arancia	2
level	livello	7	much	molto	4	orangeade	aranciata	2
librarian	bibliotecario/a	8	mum	mamma	4	order	ordinazione (f)	2
library	biblioteca	7	mushroom	fungo	7	order, to	ordinare	2
light blue	azzurro/a	8	musician	musicista (m/f)	4	overtime	straordinario	10
like, to	piacere	4, 7	my	mio/a	4			

P

English	Italian		English	Italian		English	Italian	
line	linea	6						
listen to, to	ascoltare	4				pack	confezione (f)	2

N

English	Italian		English	Italian		English	Italian	
literature	letteratura	4	name	nome	4	pair of	un paio di	10
live, to	abitare, vivere	3, 6	napkin	tovagliolo	2	parents	genitori	4
living room	soggiorno	5	near (to)	vicino (a)	5	payment	pagamento	2
lonely	solitario/a	7	near here	qui vicino	6	pencil	matita	7
long	lungo/a	2	need to, to	bisognare	10	peninsula	penisola	9
long-standing	di vecchia data	10	need, to	avere bisogno di	6	pensioner	pensionato/a	3
look for, to	cercare	5	neighbour	vicino/a	7	permit	permesso	8
luxurious	lussuoso/a	5	neither ... nor	né ... né	4	pharmacist	farmacista (m/f)	3
luxury	lusso	9	nervous	nervoso/a	6	phone, to	telefonare (a)	7
			never	(non ...) mai	4	photographer	fotografo	3

M

English	Italian		English	Italian		English	Italian	
			nevertheless	tuttavia	7	photography	fotografia	5
magazine	rivista	7	news	notizie (fpl)	4	physiotherapist	fisioterapista (m/f)	3
make, to	fare	3	newspaper	giornale (m)	2	plan, to	progettare	8
make a complaint, to	presentare un reclamo	4	newspaper kiosk	edicola	6	plate, dish	piatto	2, 5
			next	prossimo /a	10	platform	binario	6
			nice, pleasant	simpatico/a	6	please	per favore, per cortesia	1, 2
			night	notte (f)	1	plump, chubby	paffuto/a	8
			night dress	camicia da notte	9	politician	politico (m/f)	3
			noise	rumore (m)	8			

postman	postino/a *(m/f)*	3
postpone, to	rimandare	8
precious	prezioso	8
precipitation	precipitazione *(f)*	10
prefer, to	preferire	2, 5
pretend, to	fare finta di	9
prime minister	primo ministro	8
prosecutor	procuratore	9
province	provincia	6
psychologist	psicologo/a	3
put on, to	mettersi	3
put, to	mettere	1
pyjamas	pigiama *(m)*	9

Q

| quiet | tranquillo/a | 5 |

R

radically	radicalmente	9
radio	radio	4
rain	pioggia	10
rain, to	piovere	10
read, to	leggere	4
really?	davvero?	9
red	rosso/a	2, 5
refusal	rifiuto	9
registration fee	quota d'iscrizione	7
registration office	anagrafe *(f)*	8
reliable	affidabile	8
remove, take away, to	togliere	2
rent, to	affittare	5
repeat, to	ripetere	1
report	rapporto	9
reputation, name	fama	9
request, to	richiedere	8
respect, to	rispettare	7
rest	riposo	7
restaurant	ristorante *(m)*	2
restoration	restauro	10
return, to	tornare	3
return (ticket)	andata e ritorno	6
reveal, to	rivelare	10
rich	ricco/a	6
risk	rischio	9

robber	rapinatore *(m)*	8
robbery	furto	8
room	stanza, camera	5
rucksack	zaino	9
rule	regola	7
Russian	russo/a	1

S

safe	cassaforte	8
sailing boat	barca di vela	3
same	stesso/a	9
sand	sabbia	7
Saturday	sabato	4
say, to	dire	7
scarf	sciarpa	9
school	scuola	3
scooter	motorino	9
Scottish	scozzese	1
sea	mare	4
sea-bass	branzino	2
second	secondo/a	5
second-hand	usato/a	4
secret	segreto	10
see, look at, to	vedere	4, 7
seem, to	sembrare	8
seldom	quasi mai	4
sell, to	vendere	4, 5, 7
send, to	mandare *(a)*	9
September	settembre *(m)*	7
shake, to	scuotere	7
shelf	scaffale *(m)*	5
shine, to	brillare	10
shirt	camicia	9
shoes	scarpe *(fpl)*	4, 9
shop	negozio	4
shop assistant	commesso/a	3, 4
shopping	spesa	3
show, to	mostrare	9
shower	doccia	5, 7
shy	timido/a	7
short	basso/a; corto/a, breve	8, 9
shutter	persiana	5
side	lato	5
sign	segno	10
silent	silenzioso/a	5
simple	semplice	5

single (ticket)	(biglietto di) andata	6
single (bed)	singolo/a	7
sister	sorella	4
sit, to	sedere	8
size	taglia	9
skirt	gonna	9
sleep, to	dormire	3
slim	magro/a	8
slowly	lentamente	1
small	piccolo/a	2, 5
smoke	fumo	9
sneeze	starnuto	9
snow, to	nevicare	10
snowfall	nevicata	10
so…, well	allora	2
some	un po' di	2
something	qualcosa	10
something else	qualcos'altro	2
sometimes	qualche volta	4
son/daughter	figlio/a	4
song	canzone *(f)*	4
space	spazio	7
spaghetti	spaghetti *(mpl)*	2
Spanish	spagnolo/a	1
sparkling wine	spumante *(m)*	2
spend (money), to	spendere	10
spend (time), to	trascorrere	7
spoils	bottino	8
spring	primavera	4, 7
square	piazza	6
state	stato	4
station	stazione *(f)*	6
stay, to	rimanere	7
stereo system	impianto stereo	5
stomach ache	mal di stomaco	10
stop	fermata	6
straight	liscio/a	8
straight on	sempre dritto	6
stressful	stressante	3
strike	sciopero	6
striped	a righe	9
student	studente/essa	3
studio flat	monolocale *(m)*	5
study, to	studiare	1
subscribe, to	abbonarsi	9
summer	estate *(f)*	4, 7

sun	sole *(m)*	10	thunderstorm	temporale *(m)*	10	villa	villa	5
Sunday	domenica	4	Thursday	giovedì	4	visit (place), to	visitare	4
sunglasses	occhiali da sole	9	ticket	biglietto	6	visit (person), to	andare a trovare	9
sun-tanned	abbronzato/a	6	ticket office	biglietteria	6			
support, to	sostenere	9	tidy up, to	mettere in ordine	4	**W**		
sure!	certo!	2	tie	cravatta	9			
surround, to	circondare	7	tight	stretto/a	9	wait for, to	aspettare	7
suspicion	sospetto	8	till late	fino a tardi	4	wake up, to	svegliarsi	4, 8
swim, to	nuotare	4	time, hour	ora	3	walk	passeggiata	7
switched on	acceso	7	time, weather	tempo	4	walk, to	camminare	4
swimming pool	piscina	4	tired	stanco/a	9	wall	parete *(f)*	5
symbol	simbolo	6	tiring	faticoso/a	10	want, to	volere	2
			tomato	pomodoro	2	wardrobe	armadio	5
T			tomorrow	domani	10	wash	lavarsi	4
			tourist guide	guida turistica *(m/f)*	3	watch	orologio	5
t-shirt	maglietta	9	towards	verso	4	wavy	ondulato/a	8
table	tavolo	5	towel	asciugamano	7	water	acqua	2
tablecloth	tovaglia	9	town hall	comune *(m)*	6	wealthy	benestante	6
tagliatelle	tagliatelle	2	traffic lights	semaforo	6	wear, to	portare, indossare	9
take, to	prendere	2, 3, 6, 7, 10	train	treno	6	weather forecast	previsioni del tempo	10
take away, to	portare via	8	trainers	scarpe sportive	9	wedding	matrimonio	9
take place, to	svolgersi	9	travel, to	viaggiare	4	Wednesday	mercoledì	4
talk, to	parlare	7	trousers	pantaloni	9	week	settimana	7
tall	alto/a	8	trout	trota	2	weekly	settimanale	7
taste, to	assaggiare	9	tube	metropolitana	6	what?	che? che cosa?	2
taxi driver	tassista *(m/f)*	3	Tuesday	martedì	4	what's your name?	come ti chiami?	1
tea	tè *(m)*	2	turn, to	girare	6			
teacher	insegnante *(m/f)*	3	turn left	gira a sinistra	6	wheel	ruota	9
team	squadra	8	turn right	gira a destra	6	where?	dove?	1
television	televisione	4	TV programme	trasmissione *(f)*	10	where are you from?	di dove sei?	1
temperature	febbre *(f)*	10	twins	gemelle/i	4			
thank, to	ringraziare	9				white	bianco/a	2
thank you	grazie	1	**U**			why?	perché?	9
thank you very much	molte grazie	9				wife	moglie	4
			uncle	zio	2	wind	vento	10
that	quello/a	9	under	sotto	5	window	finestra	5
the	il, lo, la, l'	2	understand, to	capire	4	windy	ventoso	7
theatre	teatro	6	underwear	biancheria intima	9	wine	vino	2
then	poi	8	unforgettable	indimenticabile	8	wish	voglia, desiderio	6
there are	ci sono	6	unfortunately	purtroppo	9	wish, to	desiderare	2
there is	c'è	6	unknown	sconosciuto/a	7	with	con	7
thin	magro/a	8				without	senza	10
thing	cosa	2	**V**			work	lavoro	3
think, to	pensare *(a)*	9				work, to	lavorare	1, 3, 7
this	questo/a	9	vase	vaso	5	worker	operaio/a	3
threaten, to	minacciare	8	very close	a due passi	10			
			veterinary	veterinario	7			

worried	preoccupato/a	8
write, to	scrivere	2
writer	scrittore (m) scrittrice (f)	9
wrought iron	ferro battuto	5

Y

yawn, to	sbadigliare	9
year	anno	3
yet	ancora	10
you're welcome	prego	1
yesterday	ieri	7
young	giovane	8
your	tuo/a; suo/a *(formal)*	4

Z

| zero | zero | 1 |